SCHMITT 1964

ŒUVRES COMPLÈTES

DE

SIR WALTER SCOTT.

Traduction Nouvelle.

PARIS,

CHARLES GOSSELIN et A. SAUTELET ET C°

LIBRAIRES-ÉDITEURS.

M DCCC XXX.

H. FOURNIER IMPRIMEUR.

ŒUVRES COMPLÈTES

DE

SIR WALTER SCOTT.

TOME SOIXANTE-DIX-SEPTIÈME.

IMPRIMERIE DE H. FOURNIER,
RUE DE SEINE, N° 14.

CHARLES

LE TÉMÉRAIRE,

OU

ANNE DE GEIERSTEIN

LA FILLE DU BROUILLARD.

(Anne of Geierstein or the maiden of the mist.)

TOME PREMIER.

CHARLES

LE TÉMÉRAIRE,

OU

ANNE DE GEIERSTEIN

LA FILLE DU BROUILLARD.

(Anne of Geierstein or the maiden of the mist.)

CHAPITRE PREMIER.

> « Ces vapeurs bouillonnant tout autour des glaciers,
> « Au-dessous de mes pieds s'élèvent en spirale ;
> « Ces nuages épais dont la blancheur égale
> « Celle qu'offre à nos yeux l'Océan écumant,
> « Quand son sein se soulève, agité par le vent.....
> « Ah ! la tête me tourne ! »
>
> MANFRED.

Près de quatre siècles se sont écoulés depuis que les événemens qui vont être rapportés dans cet ouvrage se passèrent sur le continent. Les documens qui contenaient l'esquisse de cette histoire, et qu'on pourrait invoquer comme les preuves de son authenticité, furent long-temps conservés dans la superbe bibliothèque de Saint-Gall; mais ils ont été détruits, ainsi que la plupart des trésors littéraires de ce couvent, quand il fut pillé par les armées révolutionnaires de la France. La date historique de ces événemens nous reporte au milieu du quinzième siècle, époque importante où la chevalerie brillait encore d'un dernier rayon, qui devait être bientôt totalement éclipsé, dans quelques pays par l'établissement d'institutions libres, dans d'autres par celui du pouvoir arbitraire; ce qui rendait également inutile l'intervention de ces redresseurs de torts, dont l'autorité n'était appuyée que sur le glaive.

Au milieu de la lumière générale qui s'était récemment répandue sur l'Europe, plusieurs pays, tels que la France, la Bourgogne, l'Italie, et plus particulièrement l'Autriche, avaient appris à connaître le caractère d'un peuple dont jusqu'alors ils avaient à peine soupçonné l'existence. Il est vrai que les habitans de ces contrées situées dans les environs des Alpes, cette immense barrière, n'ignoraient pas que, malgré leurs aspects déserts et sauvages, les vallées isolées qui serpentaient entre ces montagnes gigantesques nourrissaient une race de chasseurs et de bergers; ces montagnards vivant dans un état de simplicité primitive, arrachant au sol par de pénibles travaux des moyens de subsistance, poursuivant le gibier sur les montagnes les plus inaccessibles et à travers les forêts de pins les plus épaisses, conduisaient leurs bestiaux partout où ils pouvaient trouver quelque pâture, même dans le voisinage des neiges éternelles. Mais l'existence d'un tel peuple, ou plutôt d'un certain nombre d'agrégations d'hommes réduits presque tous aux mêmes travaux et à la même pauvreté, avait peu occupé l'attention des princes riches et puissans des environs. C'est ainsi que les troupeaux majestueux qui paissent dans de fertiles prairies, s'inquiètent peu que quelques chèvres sauvages trouvent une nourriture précaire sur les flancs des rochers.

Ces montagnards commencèrent pourtant à exciter la surprise et l'attention vers le milieu du quatorzième siècle, lorsque la renommée parla de plusieurs combats sérieux, dans lesquels la chevalerie allemande, voulant réprimer des insurrections parmi ses vassaux des Alpes, avait essuyé plusieurs sanglantes défaites, quoiqu'elle eût pour elle le nombre, la discipline et l'avantage de l'équipement militaire. On fut étonné que la cavalerie, force principale des armées féodales, eût été mise en déroute par des fantassins, et que des guerriers complètement couverts d'acier eussent été terrassés par des hommes qui ne portaient aucune armure défensive, et qui, pour attaquer, n'étaient qu'irrégulièrement armés de piques, de hallebardes et de bâtons. Par-dessus tout, on regarda comme une espèce de miracle que des chevaliers et des nobles eussent été vaincus par des paysans et des bergers. Mais les victoires réitérées que les Suisses remportèrent à Laupen, à Sempach, et sur d'autres champs de bataille moins célèbres, indiquèrent clairement qu'un nouveau principe d'organisation civile et de mouvemens militaires avait pris naissance dans les régions orageuses de l'Helvétie.

Cependant, quoique les victoires décisives qui assurèrent la liberté des cantons suisses, aussi-bien que l'esprit de résolution et de sagesse avec lequel les membres de cette petite confédération s'étaient maintenus contre les plus grands efforts de l'Autriche, eussent répandu leur renommée dans tous les pays des environs; quoiqu'ils eussent le sentiment intime de la force que leur avaient acquise des victoires répétées, néanmoins, jusqu'au milieu du quinzième siècle, et même encore plus tard, ils conservèrent en grande partie la sagesse, la modération et la simplicité de leurs anciennes mœurs. Ceux même à qui le commandement des troupes de la république était confié pendant la guerre, avaient coutume de reprendre la houlette du berger, quand ils déposaient le bâton de commandement: comme les dictateurs romains, ils se confondaient avec leurs concitoyens, et n'étaient plus que leurs égaux, quand ils descendaient du rang auquel leurs éminens talens et la voix de leur patrie les avaient élevés.

C'est donc dans les cantons des Forêts, de la Suisse, et pendant l'automne de 1474, que notre histoire commence.

———

Deux voyageurs, l'un étant déjà bien loin du printemps de la vie, l'autre paraissant avoir vingt-deux à vingt-trois ans, avaient passé la nuit dans la petite ville de Lucerne, capitale du canton de ce nom, située magnifiquement, sur le lac des Quatre-Cantons. Leur apparence et leur costume semblaient annoncer des marchands de la première classe; et tandis qu'ils allaient à pied, manière de voyager que la nature du pays rendait le plus facile, un jeune paysan, venu du côté des Alpes qui domine l'Italie, les suivait avec une mule de somme, sur laquelle il montait quelquefois, mais que plus souvent il conduisait par la bride.

Ces voyageurs étaient des hommes de bonne mine, tels qu'on en voit peu communément, et ils semblaient unis par les liens d'une proche parenté. Probablement c'était le père et le fils; car, dans la petite auberge où ils avaient passé la soirée précédente, la grande déférence et le respect du plus jeune pour le plus âgé avaient excité l'attention des naturels du pays, qui, de même que tous les êtres vivant loin du monde, étaient d'autant plus curieux, qu'ils avaient moins de moyens d'apprendre. Ils remarquèrent aussi que les marchands, sous prétexte qu'ils étaient pressés, refusèrent d'ouvrir leurs balles, et d'entrer en trafic avec les habitans de Lucerne, alléguant pour excuse qu'ils n'avaient aucunes marchandises qui pussent leur convenir. Les femmes de la ville furent d'autant plus piquées de la réserve des marchands voyageurs, qu'on leur avait donné à entendre que la cause véritable en était que les marchandises qu'ils avaient à vendre étaient trop chères pour trouver des acheteurs dans les montagnes helvétiques; car il avait transpiré, grace au babil du jeune paysan qui accompagnait ces étrangers qu'ils avaient été à Venise, et qu'ils y avaient acheté beaucoup de marchandises précieuses, importées de l'Inde et de l'Égypte dans cette cité célèbre, marché général de tout l'Occident, et même de l'Europe. Or les jeunes Helvétiennes étaient d'autant plus contrariées, qu'elles avaient fait la découverte, depuis peu, que les riches étoffes et les pierres précieuses étaient agréables à la vue; et quoique sans espoir de se procurer de pareils ornemens, elles éprouvaient le désir assez naturel de voir le riche assortiment des marchands et de toucher des objets si rares.

On remarqua aussi que, quoique ces étrangers fussent polis, ils n'avaient pas ce désir empressé de plaire que montraient les marchands colporteurs de la Lombardie ou de la Savoie qui rendaient visite de temps en temps aux habitans des montagnes, et qui y faisaient des tournées plus fréquentes depuis que la victoire avait procuré quelque richesse aux Suisses et leur avait fait connaître de nouveaux besoins. Ces autres marchands étaient civils et empressés, comme leur profession l'exigeait; mais ces nouveaux venus semblaient pleins d'indifférence pour leur commerce, ou du moins pour le profit qu'ils auraient pu faire dans la Suisse.

La curiosité était encore excitée par la circonstance qu'ils se parlaient l'un à l'autre une langue qui n'était certainement ni l'allemand, ni l'italien, ni le français; mais qu'un vieux domestique de l'auberge, qui avait été autrefois jusqu'à Paris, supposa être l'anglais. Tout ce qu'on savait des Anglais se bornait à peu de chose. C'était, disait-on, une race d'hommes fiers, habitant une île, en guerre avec les Français depuis des siècles, et dont un corps nombreux avait autrefois envahi les cantons des Forêts, et subi une défaite signalée dans la vallée de Russwil, comme s'en souvenaient fort bien les vieillards de Lucerne, à qui cette tradition avait été transmise par leurs pères.

Le jeune homme qui accompagnait ces étrangers était du pays des Grisons, comme on le reconnut bientôt ; et il leur servait de guide, aussi bien que le lui permettait la connaissance qu'il avait des montagnes. Il dit qu'ils avaient dessein d'aller à Bâle, mais qu'ils semblaient désirer de s'y rendre par des chemins détournés et peu fréquentés. Les circonstances que nous venons de rapporter augmentèrent encore le désir général de mieux connaître ces voyageurs, et de voir leurs marchandises. Cependant pas une balle ne fut ouverte; et les marchands, quittant Lucerne le lendemain matin, continuèrent leur fatigant voyage, préférant un chemin plus long et de mauvaises routes à travers les cantons paisibles de la Suisse, plutôt que de s'exposer aux exactions et aux rapines de la chevalerie pillarde d'Allemagne, dont les membres s'érigeant en souverains, faisaient la guerre au gré de leur bon plaisir, et levaient des taxes et des droits sur tous ceux qui passaient sur leurs domaines, d'un mille de largeur, avec toute l'insolence d'une tyrannie subalterne.

Après leur départ de Lucerne, les deux marchands continuèrent leur voyage heureusement pendant quelques heures. La route, quoique escarpée et difficile, était rendue intéressante par ces brillans phénomènes qu'aucun pays ne déploie d'une manière plus étonnante que cette Helvétie, où le défilé des rochers, la vallée verdoyante, le grand lac et le torrent fougueux se distinguent des autres pays de montagnes par les magnifiques et effrayantes horreurs des glaciers.

Ce n'était pas dans ce siècle que les beautés et la grandeur d'un paysage faisaient beaucoup d'impression sur l'esprit du voyageur ou de l'habitant du pays. Ces objets, quelque imposans qu'ils fussent, étaient familiers aux derniers; leurs habitudes journalières et leurs travaux les y avaient accoutumés : les autres, en traversant un pays sauvage, y éprouvaient peut-être plus de terreur qu'ils n'y remarquaient de beautés, et ils étaient plus empressés d'arriver en sûreté à l'endroit où ils comptaient passer la nuit, que de s'extasier sur la grandeur des scènes qui s'offraient à leurs yeux avant qu'ils eussent gagné leur gîte. Cependant nos marchands, tout en continuant leur route, ne purent s'empêcher d'être vivement frappés du paysage qui les entourait. Leur route suivait les bords du lac, tantôt s'élevant à une grande hauteur sur les flancs de la montagne, et serpentant le long de rochers aussi perpendiculaires que le mur d'un château-fort. Quelquefois elle présentait à l'œil des aspects plus doux, des coteaux couverts d'une verdure délicieuse, des vallées profondes et retirées, des pâturages et des terres labourables; ensuite un hameau de chaumières construites en bois, avec sa petite église de forme fantastique, et son clocher; enfin des vergers et des coteaux couverts de vignes, et par intervalle le cours d'un ruiseau qui allait se jeter dans le lac.

— Ce ruisseau, Arthur, dit le plus âgé des deux voyageurs, qui s'étaient arrêtés d'un commun accord pour contempler un paysage semblable au dernier que je viens de décrire; ce ruisseau ressemble à la vie d'un homme vertueux et heureux.

— Et ce torrent qui se précipite de cette montagne éloignée, et dont le cours est marqué par une ligne d'écume blanche, demanda Arthur, à quoi ressemble-t-il?

— A la vie d'un homme brave et infortuné, répondit son père.

— A moi le torrent, dit Arthur; un cours impétueux que nulle force humaine ne peut arrêter, et peu importe qu'il soit aussi court que glorieux.

— C'est la pensée d'un jeune homme, répliqua son père; mais je sais qu'elle est tellement enracinée dans votre cœur, que la main cruelle de l'adversité pourra seule l'en arracher.

— Les racines tiennent encore, reprit le jeune homme, et cependant il me semble que l'adversité y a déjà assez porté la main.

— Vous parlez de ce que vous ne comprenez guère, mon fils, lui dit son père. Apprenez que jusqu'à ce qu'on ait passé le milieu de la vie, on sait à peine distinguer le vrai bonheur de l'adversité; ou plutôt on recherche comme des faveurs de la fortune, ce qu'on devrait regarder comme des marques de son courroux. Voyez là-bas cette montagne dont le front sourcilleux porte un diadème de nuages, qui tantôt s'élèvent, tantôt s'abaissent, suivant que le soleil les frappe, mais que ses rayons ne peuvent disperser. — Un enfant pourrait croire que c'est une couronne de gloire; — un homme y voit l'annonce d'une tempête.

Arthur suivait la direction des yeux de son père, qui se fixaient sur le sommet sombre et noir du Mont Pilate.

— Le brouillard qui couvre cette montagne sauvage est-il donc d'un si mauvais augure? demanda le jeune homme.

— Demandez-le à Antonio, lui répondit son père; il vous racontera la légende.

Arthur s'adressa au jeune Suisse qui les accompagnait, et lui demanda le nom de cette sombre montagne qui, de ce côté, semble le monarque de toutes celles qu'on voit dans les environs de Lucerne.

Le jeune homme fit un signe de croix avec dévotion, et raconta la légende populaire, qui prétend que le coupable proconsul de la Judée avait terminé en cet endroit sa vie impie; qu'après avoir passé plusieurs années dans les retraites solitaires de cette montagne, qui porte encore son nom, ses remords et son désespoir, plutôt que sa pénitence, l'avaient précipité dans le lac sinistre qui en occupe le sommet. L'eau se refusa-t-elle au supplice de ce misérable, ou, son corps ayant été noyé, son esprit continua-t-il à hanter le lieu où le suicide avait été commis, c'est ce qu'Antonio ne se chargea pas d'expliquer. Mais on voyait souvent, ajouta-t-il, une forme humaine sortir de cette eau sombre, et imiter les gestes d'un homme qui se lave les mains. Quand cela arrivait, des masses épaisses de brouillard se rassemblaient d'abord tout autour du Lac Infernal (car tel est le nom qu'il portait autrefois), et, couvrant ensuite de ténèbres toute la partie supérieure de la montagne, annonçaient une tempête ou un ouragan, qui ne tardait jamais à arriver. Il ajouta que cet esprit malfaisant était pareillement courroucé de l'audace des étrangers qui osaient gravir la montagne pour contempler le théâtre de son châtiment, et qu'en conséquence les magistrats avaient défendu que qui que ce soit approchât du Mont Pilate, sous peine d'une punition sévère. Antonio fit encore le signe de la croix en finissant sa relation, et cet acte de dévotion fut imité par ses auditeurs, trop bons catholiques pour douter de la vérité de son histoire.

— Comme le maudit païen semble nous menacer! dit le jeune marchand tandis que des nuages noirs s'accumulaient sur le sommet du Mont Pilate. — *Vade retrò!* — Nous te défions, pécheur!

Un vent qui se faisait entendre plutôt que sentir, commença à rugir ainsi qu'aurait pu le faire un lion expirant, comme si l'esprit du criminel puni eût voulu accepter le défi téméraire du jeune Anglais. On vit descendre, le long des flancs escarpés de la montagne, de lourdes vapeurs qui, roulant à travers ses larges crevasses, semblaient des torrens de laves se précipitant du haut d'un volcan. Les rochers arides qui formaient les bords de ces immenses ravins montraient leurs pointes rocailleuses au-dessus du brouillard, comme pour diviser ces torrens de vapeurs qui se précipitaient autour d'eux; et pour offrir un contraste à cette scène sombre et menaçante, la chaîne plus éloignée des montagnes de Righi brillait sous les rayons d'un beau soleil d'automne.

Tandis que les voyageurs contemplaient un tableau qui ressemblait aux préparatifs d'un combat entre les puissances de la lumière et celle des ténèbres, leur guide, en son jargon mêlé d'italien et d'allemand, les engagea à doubler le pas. Le village où il se proposait de les conduire, leur dit-il, était encore éloigné, la route était mauvaise et difficile à trouver; et si l'esprit malfaisant, ajouta-t-il en jetant un coup d'œil sur le Mont Pilate et en faisant encore un signe de croix, couvrait la vallée de ses ténèbres, le chemin deviendrait de plus en plus incertain et dangereux. Ainsi avertis, les voyageurs fermèrent le collet de leurs manteaux, enfoncèrent avec un air de résolution leurs toques sur leurs sourcils, serrèrent la large ceinture qui, à l'aide d'une boucle, retenait leur manteau sur leur corps, et, chacun d'eux tenant en main le bâton garni d'un fer pointu, dont on se sert sur ces montagnes, ils continuèrent à marcher avec vigueur.

A chaque pas qu'ils faisaient, la scène semblait changer autour d'eux. Chaque montagne, comme si la forme en eût été flexible et changeante comme celle du nuage dont les contours varient sans cesse, offrait un aspect différent, suivant les mouvemens et la marche des étrangers à qui le brouillard découvrait les rochers et les vallées, ou les cachait sous son manteau de vapeurs. Leur chemin n'était qu'un étroit sentier serpentant le long des sinuosités de la vallée, et tournant souvent autour de rochers et d'autres obstacles qu'il était impossible de surmonter; ce qui ajoutait à la variété agreste d'une marche pendant laquelle les voyageurs finirent par perdre entièrement les idées vagues qu'ils avaient pu avoir sur la direction de leur route.

— Je voudrais, dit le plus âgé, que nous eussions cette aiguille mystérieuse dont la pointe, disent les marins, regarde toujours le nord, et qui les met en état de trouver leur chemin en pleine mer, quand il n'y a ni cap, ni promontoire, ni soleil, ni lune, ni étoiles, ni aucun signe sur la terre ou dans le ciel, pour leur indiquer de quel côté ils doivent se diriger.

— Elle ne nous serait probablement pas d'une grande utilité au milieu de ces montagnes, répondit le plus jeune, car, quoique cette aiguille merveilleuse puisse maintenir sa pointe tournée vers le nord quand elle se trouve sur une surface plate comme la mer, on ne doit pas supposer qu'elle conserverait le même pouvoir quand ces énormes montagnes s'élèveraient comme des murailles entre l'acier qui la compose, et l'objet qui exerce sur elle une force de sympathie.

— Notre guide, dit le père, est devenu de plus en plus stupide, depuis qu'il a quitté la vallée où est son domicile; je crains qu'il ne nous soit aussi inutile pour nous conduire que vous supposez que le serait la boussole parmi les montagnes de cette contrée sauvage.
— Mon garçon, continua-t-il en adressant la parole à Antonio en mauvais italien, croyez-vous que nous soyons sur le chemin que nous avions dessein de suivre?

— S'il plaît à saint Antoine, répondit le guide, évidemment trop embarrassé pour faire une réponse plus directe.

— Et cette eau, à demi cachée sous les vapeurs, et qu'on voit briller à travers le brouillard, au pied de cette énorme montagne noire, fait-elle encore partie du lac de Lucerne, ou en avons-nous rencontré un autre depuis que nous avons gravi la dernière montagne?

Tout ce que put répondre Antonio fut qu'ils devaient encore être près du lac de Lucerne, et qu'il espérait que ce qu'on voyait là-bas, ferait partie de la nappe d'eau qui s'étendait de ce côté. Mais il ne pouvait rien dire avec certitude.

— Chien d'Italien! s'écria le jeune voyageur, tu mériterais d'avoir les os brisés, pour t'être chargé de fonctions que tu es aussi hors d'état de remplir, que tu l'es de nous guider vers le ciel!

— Paix, Arthur, lui dit son père; si vous effrayez ce drôle, il s'enfuira, et nous perdrons le faible avantage que peuvent nous procurer ses connaissances locales. Si vous employez contre lui le bâton, il se servira contre vous du couteau. Car telle est l'humeur vindicative du Lombard. De toute manière, vous augmentez notre embarras au lieu de nous en tirer. — Écoute, mon enfant, continua-t-il en s'adressant au guide dans son mauvais italien, ne crains rien de ce jeune étourdi, je ne souffrirai pas qu'il te fasse le moindre mal. Peux-tu m'apprendre le nom des villages où nous devons passer aujourd'hui?

Rassuré par le ton de douceur du vieux voyageur,

le guide, qui avait été un peu alarmé du ton dur et des expressions menaçantes du jeune homme, prononça, en son patois, plusieurs noms dans lesquels les sons gutturaux de l'allemand formaient un mélange singulier avec le doux accent de l'italien, mais qui ne donnèrent au vieillard aucun renseignement intelligible sur l'objet de sa question, de sorte qu'il fut enfin forcé de s'écrier : — Marchez donc en avant, au nom de Notre-Dame, ou de saint Antoine, si vous le préférez; car je vois que nous ne faisons que perdre du temps en cherchant à nous entendre l'un et l'autre.

Ils se remirent en chemin comme auparavant, avec cette différence, que le guide, tenant le mulet par la bride, marchait le premier, au lieu de suivre les deux autres, dont il avait dirigé les mouvemens jusqu'alors en leur indiquant par derrière la direction qu'ils devaient suivre. Cependant les nuages s'épaississaient sur leurs têtes, et le brouillard, qui n'avait d'abord été qu'une légère vapeur, commença à tomber en forme de petite pluie, ou comme des gouttes de rosée, sur les manteaux des voyageurs. On entendit dans les montagnes éloignées des sons semblables à des gémissemens, comme ceux par lesquels l'esprit malfaisant du Mont Pilate avait semblé annoncer la tempête. Le guide pressa de nouveau les deux voyageurs de doubler le pas, mais il y mettait obstacle lui-même par la lenteur et l'indécision qu'il montrait en les conduisant.

Après avoir fait ainsi trois à quatre milles, pendant lesquels l'incertitude doublait leur fatigue, ils se trouvèrent enfin sur un sentier fort étroit au sommet d'une montagne taillée à pic, au pied de laquelle était de l'eau qu'ils voyaient briller chaque fois que les coups de vent, qui devenaient assez fréquens, chassaient le brouillard; mais était-ce le même lac sur les bords duquel ils avaient commencé leur voyage le matin, ou une autre nappe d'eau de même espèce? était-ce une grande rivière ou un large torrent? c'était ce qu'il leur devenait impossible de distinguer. La seule chose dont ils fussent sûrs, c'était qu'ils n'étaient pas sur les bords du lac de Lucerne dans un endroit où il a sa largeur ordinaire, car les mêmes coups de vent qui leur faisaient voir l'eau presque sous leurs pieds, leur permettaient d'apercevoir la rive de l'autre côté; mais cette vue n'étant que momentanée, ils ne pouvaient juger bien exactement à quelle distance se trouvait cette rive, quoiqu'elle fût assez voisine pour leur permettre d'y entrevoir de grands rochers sur lesquels s'élevaient des pins, tantôt réunis en groupe, tantôt croissant solitairement.

Jusqu'alors le chemin, quoique raboteux et escarpé, était indiqué assez clairement par des traces qui prouvaient que des voyageurs à pied et des chevaux y avaient passé. Mais tout à coup, à l'instant où Antonio, conduisant son mulet, venait d'atteindre le sommet d'une éminence faisant saillie, et sur laquelle le sentier les avait conduits en tournant, il s'arrêta tout court, en poussant son exclamation ordinaire, adressée à son saint patron. Arthur crut voir que le mulet partageait la terreur du guide, car il recula d'un pas, plaça ses pieds de devant à quelque distance l'un de l'autre, et prit une attitude qui indiquait à la fois l'horreur, l'effroi, et la détermination de résister à toutes les invitations qu'on pourrait lui faire d'avancer.

Arthur doubla le pas, non-seulement par curiosité, mais pour s'exposer au péril, s'il en existait, avant que son père arrivât pour le partager. En moins de temps que nous n'en avons mis à écrire les lignes qui précèdent, il se trouva à côté d'Antonio et du mulet sur la plate-forme du rocher, où le sentier qui les y avait conduits semblait se terminer tout à coup, et au bas de laquelle, devant lui, était un précipice dont le brouillard empêchait de distinguer la profondeur, mais qui avait certainement plus de trois cents pieds.

Le regard des voyageurs annonçait l'alarme et le désappointement qu'ils éprouvaient de cet obstacle inattendu, et, à ce qu'il paraissait, insurmontable. Le père, qui arriva quelques instans après, ne donna à ses compagnons aucun motif d'espérance ou de consolation. A son tour, il contempla le gouffre, couvert de brouillard, qui s'ouvrait sous leurs pieds, et il porta ses regards tout autour de lui, mais inutilement, pour chercher la continuation d'un sentier qui bien certainement n'avait pu être pratiqué dans l'origine pour aboutir dans un tel lieu. Comme ils ne savaient quel parti prendre, le fils tâchant en vain de découvrir quelque moyen d'avancer, le père étant sur le point de proposer de retourner par le même chemin qu'ils étaient venus, le sifflement du vent se fit entendre dans la vallée avec plus de force encore. Chacun d'eux connaissant le danger qu'il courait dans sa situation précaire, s'accrocha à des buissons ou à quelque pointe de rocher, et le pauvre mulet lui-même sembla s'affermir sur ses jarrets pour pouvoir résister à l'ouragan. Il ne tarda pas à éclater, et ce fut avec une telle fureur, que les voyageurs crurent sentir trembler le rocher sous leurs pieds ; ils en auraient été enlevés comme des feuilles desséchées, sans la précaution qu'ils avaient prise pour prévenir cette catastrophe. Cependant la violence de ce coup de vent ayant écarté complètement, pendant trois ou quatre minutes, le voile de brouillard que ceux qui l'avaient précédé n'avaient fait que rendre plus transparent ou entr'ouvrir un seul instant, ils reconnurent la nature et la cause de l'interruption qu'avait éprouvée leur marche.

Par un coup d'œil rapide mais assuré, Arthur fut alors en état de remarquer que le sentier par lequel ils étaient parvenus à cette plate-forme se continuait autrefois plus loin dans la même direction, sur une couche profonde de terre. Mais, dans une de ces affreuses convulsions de la nature qui ont lieu dans ces régions sauvages, toute la terre détachée des rochers, avec les buissons, les arbres, et tout ce qui la couvrait, s'était précipitée au fond de l'abime et dans la rivière qui y coulait; car il était évident alors que cette eau, aperçue à plus de trois cents pieds, en était une, et non un lac ou une branche de lac, comme ils l'avaient supposé jusqu'alors.

La cause immédiate de ce bouleversement pouvait avoir été un tremblement de terre, phénomène qui n'est pas rare dans ce pays. Cette couche de terre, qui n'était plus alors qu'une masse confuse de ruines, offrait encore quelques arbres qui y croissaient dans une position horizontale; d'autres avaient été brisés dans leur chute, et quelques-uns avaient leur cime plongée dans la rivière, dont les eaux avaient autrefois réfléchi leur ombre. Les rochers qui restaient par derrière, semblables au squelette de quelque monstre énorme, formaient la muraille d'un abîme effrayant, qu'on eût pu prendre pour une carrière nouvellement exploitée, mais d'un aspect d'autant plus lugubre, que la nature n'avait pas encore eu le temps d'y placer les germes de la végétation, qui couvre promptement la surface des rochers les plus arides.

Indépendamment de ces signes, qui tendaient à prouver que la destruction du sentier était toute récente, Arthur remarqua aussi de l'autre côté de la rivière, plus haut dans la vallée, et s'élevant au sein d'une forêt de pins entrecoupée par des rochers, un édifice carré d'une hauteur considérable, semblable aux ruines d'une tour gothique. Il montra cet objet à Antonio, en lui demandant s'il le connaissait; car il pensait avec raison que la situation particulière de ce bâtiment en faisait un point qu'il était impossible d'oublier quand on l'avait vu une seule fois. Le jeune guide le reconnut promptement et avec plaisir, et lui dit que cet endroit se nommait Geierstein, c'est-à-dire, comme il l'expliqua, le Rocher des Vautours. Il le reconnaissait, dit-il, non-seulement par la tour, mais encore par le pinacle d'un énorme rocher voisin, presque en forme de clocher, sur le haut duquel un *lammer-geier*, ou vautour des agneaux, un des plus grands oiseaux de proie connus, avait autrefois emporté l'enfant d'un ancien seigneur du château. Pendant qu'Antonio racontait le vœu qu'avait fait à Notre-Dame-d'Einsiedlen le chevalier de Geierstein, le château, les rochers, les bois, les montagnes disparurent à leurs yeux, et furent de nouveau cachés par le brouillard. Mais comme il terminait sa relation merveilleuse par le miracle qui remit l'enfant entre les bras de son père, il s'écria tout à coup : — Prenez garde à vous! l'ouragan! l'ouragan! Le vent, à l'instant même, chassa encore devant lui le brouillard, et rendit aux voyageurs la vue des horreurs magnifiques dont ils étaient entourés.

— Oui, dit Antonio d'un air triomphant quand le vent eut cessé de souffler; le vieux Ponce n'aime guère à entendre parler de Notre-Dame-d'Einsiedlen; mais elle protégera contre lui ceux qui ont confiance en elle. *Ave Maria.*

— Cette tour semble inhabitée, dit le jeune voyageur. Je n'y aperçois aucune fumée, et les créneaux des murailles tombent en ruine.

— Il y a bien long-temps que personne n'y demeure, reprit le guide; mais, avec tout cela, je voudrais y être. L'honnête Arnold Biederman, le landamman (1) du canton d'Underwald, demeure tout auprès; et je vous réponds que partout où il est le maître, ce qui se trouve de mieux dans sa cave et dans son garde-manger est toujours au service de l'étranger.

— J'ai entendu parler de lui, dit le vieux voyageur,

(1) Premier magistrat du canton. — Aut.

qu'Antonio avait appris à nommer signor Philipson, comme d'un homme vertueux et hospitalier, et qui mérite le crédit dont il jouit auprès de ses concitoyens...

— Vous lui rendez justice, signor, répondit le guide, et je voudrais que nous pussions gagner son logis, où vous seriez sûr d'être bien accueilli, et de recevoir de bons avis pour votre voyage de demain. Mais comment pourrions-nous arriver au Château des Vautours, sans avoir des ailes comme un vautour? c'est une question difficile à résoudre.

Arthur y répondit par une proposition hardie, que le lecteur trouvera dans le chapitre suivant.

avait autrefois emporté l'enfant d'un ancien seigneur du château. Pendant qu'Antonio racontait le vœu qu'avait fait à Notre-Dame-d'Einsiedlen le chevalier de Geierstein, le château, les rochers, les bois, les montagnes disparurent à leurs yeux, et furent de nouveau cachés par le brouillard. Mais comme il terminait sa relation merveilleuse par le miracle qui remit l'enfant entre les bras de son père, il s'écria tout à coup : — Prenez garde à vous! l'ouragan! l'ouragan! Le vent, à l'instant même, chassa encore devant lui le brouillard, et rendit aux voyageurs la vue des horreurs magnifiques dont ils étaient entourés.

— Oui, dit Antonio d'un air triomphant quand le vent eut cessé de souffler; le vieux Ponce n'aime guère à entendre parler de Notre-Dame-d'Einsiedlen; mais elle protégera contre lui ceux qui ont confiance en elle. *Ave Maria.*

— Cette tour semble inhabitée, dit le jeune voyageur. Je n'y aperçois aucune fumée, et les créneaux des murailles tombent en ruine.

— Il y a bien long-temps que personne n'y demeure, reprit le guide; mais, avec tout cela, je voudrais y être. L'honnête Arnold Biederman, le landamman (1) du canton d'Underwald, demeure tout auprès; et je vous réponds que partout où il est le maître, ce qui se trouve de mieux dans sa cave et dans son garde-manger est toujours au service de l'étranger.

— J'ai entendu parler de lui, dit le vieux voyageur,

---

(1) Premier magistrat du canton. — Aut.

qu'Antonio avait appris à nommer signor Philipson, comme d'un homme vertueux et hospitalier, et qui mérite le crédit dont il jouit auprès de ses concitoyens...

— Vous lui rendez justice, signor, répondit le guide, et je voudrais que nous pussions gagner son logis, où vous seriez sûr d'être bien accueilli, et de recevoir de bons avis pour votre voyage de demain. Mais comment pourrions-nous arriver au Château des Vautours, sans avoir des ailes comme un vautour? c'est une question difficile à résoudre.

Arthur y répondit par une proposition hardie, que le lecteur trouvera dans le chapitre suivant.

CHAPITRE II.

> « L'horizon s'obscurcit. — Appuyez vous sur moi.
> « Mettez le pied ici, — puis là ; — d'une main sûre,
> « Saisissez cet arbuste. — Allez avec mesure. —
> « Courage ! — Servez-vous de ce bâton ferré. —
> « Donnez-moi votre main. — Bien ! — Soyez assuré
> « Que nous serons rendus au chalet dans une heure.»
> Lord Byron. *Manfred.*

Après avoir examiné cette scène de désolation aussi exactement que le permettaient les sombres nuages de l'atmosphère : — Dans tout autre pays, dit le jeune voyageur, je dirais que la tempête commence à se passer; mais ce serait une témérité de vouloir prédire à quoi l'on doit s'attendre dans ces régions sauvages. Si l'esprit apostat de Pilate est réellement porté sur les ailes de l'ouragan, les sifflemens du vent, qui ne se font plus entendre que dans le lointain, semblent indiquer qu'il retourne au lieu de son châtiment. Le sentier a disparu avec le terrain sur lequel il avait été tracé; mais j'en vois la continuation au fond de cet abîme; il marque comme par une bande d'argile cette masse de terre et de pierres. Avec votre permission, mon père, je crois qu'il me serait possible de me glisser le long de la rampe de ce rocher, jusqu'à ce que je sois en vue de l'habitation dont Antonio nous parle. Si elle existe, il doit y avoir un moyen d'y arriver, et si je ne puis en découvrir le chemin, je pourrai du moins faire un signal à ceux qui demeurent dans les environs de ce Château des Vautours, et obtenir d'eux le secours d'un guide.

— Je ne puis consentir que vous couriez un tel risque, lui dit le père; que ce jeune homme y aille, s'il le peut et s'il le veut. Il est né dans les montagnes, et je le récompenserai généreusement.

Mais Antonio refusa obstinément cette proposition. — Je suis né dans les montagnes, répondit-il, mais je ne suis pas un chasseur de chèvres. Je n'ai pas des ailes pour me porter de rocher en rocher, comme un corbeau : la vie vaut mieux que tout l'or du monde.

— Et à Dieu ne plaise, dit le signor Philipson, que je veuille vous engager à estimer l'une au poids de l'autre. Allez donc, mon fils, allez, je vous suis.

— Avec votre permission, mon père, vous n'en ferez rien, s'écria le jeune homme. C'est bien assez de risquer la vie d'un de nous, et, suivant toutes les règles de la sagesse comme de la nature, c'est la mienne, comme moins précieuse, qui doit être hasardée la première.

—Non, Arthur, répliqua son père d'un ton déterminé; non, mon fils. J'ai survécu à bien des pertes, je ne survivrais pas à la vôtre.

—Je ne crains pas le résultat de cette tentative, mon père, si vous me permettez de la faire seul. Mais je ne puis, je n'ose entreprendre une tâche si dangereuse, si vous persistez à vouloir la partager. Tandis que je chercherais à faire un pas en avant, je serais toujours à regarder en arrière pour voir si vous êtes arrivé au point que je viendrais de quitter. Songez d'ailleurs, mon père, que ma perte ne serait que celle d'un être qui serait oublié à l'instant; qui n'a pas plus d'importance que les arbres détachés de ce rocher qu'ils couvraient naguère; mais vous, si le pied vous glissait, si la main vous manquait, songez-vous à toutes les suites qu'aurait votre chute?

—Vous avez raison, mon fils; j'ai encore des liens qui m'enchaîneraient à la vie, quand même je devrais perdre en vous tout ce que j'ai de plus cher. Que Notre-Dame et le chevalier de Notre-Dame vous bénissent et vous protègent, mon fils! votre pied est jeune, votre main est vigoureuse. Ce n'est pas en vain que vous avez gravi le Plynlimmon (1). Soyez hardi, mais prudent. Souvenez-vous qu'il existe un homme qui, s'il est privé de vous, n'a plus qu'un dernier devoir qui l'attache à

---

(1) Cette montagne, appelée aussi le Snowdon, est la plus élevée de la chaîne du pays de Galles. — Éd.

la terre, et qui, après l'avoir accompli, ne tardera pas à vous suivre.

Arthur se prépara à son expédition. Il se dépouilla de son pesant manteau. Ses membres bien proportionnés étaient encore couverts d'un justaucorps de drap gris qui les dessinait parfaitement. La résolution dont son père s'était armé l'abandonna quand son fils se tourna vers lui pour lui faire ses adieux. Il lui refusa la permission de tenter cette épreuve, et lui ordonna d'un ton péremptoire de rester près de lui. Mais, sans écouter sa défense, Arthur descendait déjà de la plate-forme sur laquelle il était. A l'aide des branches d'un vieux frêne qui croissait dans une fente du rocher, le jeune homme put gagner une étroite saillie, au bord même du précipice, le long de laquelle il espérait pouvoir se glisser en rampant, jusqu'à ce qu'il pût se faire voir ou se faire entendre de l'habitation dont Antonio lui avait appris l'existence. Tandis qu'il exécutait ce dessein audacieux, sa situation paraissait si précaire, que le guide salarié osait à peine lui-même respirer en le regardant. La saillie sur laquelle il se traînait semblait, dans l'éloignement, devenir si étroite, qu'elle disparaissait aux yeux, tandis qu'il continuait à avancer, le visage tourné tantôt du côté du rocher, tantôt vers le ciel, mais jamais vers l'abîme ouvert, de crainte que cette vue effrayante ne lui causât des vertiges. Aux yeux de son père et d'Antonio, dont les regards suivaient les progrès qu'il faisait, sa marche était moins celle d'un homme qui avance à la manière ordinaire, et dont les pieds sont assurés sur la terre, que celle d'un insecte qui rampe le long d'un mur perpendiculaire, et dont on voit les mouvemens progressifs, sans qu'on puisse apercevoir les moyens qui le soutiennent. Le père désolé regretta alors amèrement, bien amèrement, de n'avoir pas persisté dans le dessein qu'il avait conçu un instant, de retourner à l'auberge où il avait passé la nuit précédente, quelque contrariante, quelque périlleuse même qu'eût été cette mesure. Il aurait du moins partagé le destin du fils qu'il aimait si tendrement.

Cependant Arthur s'était armé de tout son courage. Il retenait son imagination, qui en général était assez active, et il refusait de se livrer, même un seul instant, à ces horribles idées qui ne font qu'augmenter un véritable danger; il cherchait à réduire les périls qui l'entouraient, d'après l'échelle de la raison, le meilleur soutien du vrai courage. — Cette saillie de rocher est étroite, se disait-il, mais assez large pour me permettre d'y passer; ces pointes de rocher et ces crevasses sont petites et distantes les unes des autres, mais les unes assurent un appui à mes pieds, et mes mains peuvent profiter des autres, aussi-bien que si j'étais sur une plate-forme d'une coudée de largeur, et que j'eusse le bras appuyé sur une balustrade de marbre. Ma sûreté dépend donc de moi-même. Si j'avance avec résolution, que je marche avec fermeté, et que je sache profiter de tout ce qui peut m'aider, qu'importe que je sois sur le bord d'un abîme?

Calculant ainsi l'étendue et la réalité du danger, d'après le bon sens, se répétant ensuite que ce n'était pas la première fois qu'il avait gravi des rochers et qu'il en était descendu, le brave jeune homme continua sa marche dangereuse, allant pas à pas, et avançant avec une précaution, un courage et une présence d'esprit qui le préservèrent d'une mort certaine. Enfin il gagna un endroit où un roc faisant saillie, formait l'angle du rocher, jusqu'au point où il avait pu le voir de la plate-forme. C'était donc là l'instant critique de son entreprise. Ce roc s'avançait en saillie de plus de six pieds au-dessus du torrent qu'Arthur entendait rouler à environ cinquante toises sous ses pieds avec un bruit semblable à celui d'un tonnerre souterrain. Il examina cet endroit avec le plus grand soin, et y voyant de l'herbe, des arbrisseaux, et même quelques arbres rabougris, il en conclut que l'éboulement ne s'était pas étendu plus loin, et que s'il pouvait avancer au-delà, il y trouverait la continuation du sentier dont une partie avait été détruite par quelque étrange convulsion de la nature. Mais la saillie de ce roc était telle qu'il était impossible de passer dessous, ou d'en faire le tour; et comme il s'élevait de plusieurs pieds au-dessus de la position qu'Arthur occupait, ce n'était pas chose facile de le gravir. Ce fut pourtant le parti auquel il s'arrêta, comme étant le seul moyen de surmonter ce qu'il croyait pouvoir regarder comme le dernier obstacle de son voyage. Un arbre croissait tout à côté: il y monta, et à l'aide de ses branches, il sauta sur le sommet du roc. Mais à peine y avait-il appuyé le pied, à peine avait-il eu un instant pour se féliciter en découvrant, au milieu d'un chaos de forêts et de rochers, les ruines sombres de Geierstein, et une fumée qui, s'élevant par derrière, indiquait l'existence d'une habitation, que, à son extrême terreur, il sentit le roc énorme sur lequel il était, trembler sous ses pieds, et pencher lentement en avant par un mouvement graduel. Ne tenant à la montagne que par un seul point, ce roc en saillie avait résisté au tremblement de terre qui avait changé la face des environs; mais l'équilibre en avait été détruit, et il n'avait fallu que le poids additionnel du corps du jeune homme pour le rompre entièrement.

Dans cet instant critique, Arthur, par cet instinct qui porte à saisir tout moyen de salut, sauta sur l'arbre qui l'avait aidé à monter sur ce roc, et tourna la tête en arrière, poussé comme par une force irrésistible pour suivre des yeux la chute de l'énorme masse de pierre qu'il venait de quitter. Le roc chancela deux ou trois secondes, comme s'il n'eût su de quel côté tomber; et si sa chute eût pris une direction latérale, il aurait brisé l'arbre, écrasé le jeune aventurier, ou l'aurait entraîné avec lui dans le torrent. Après un moment d'horrible incertitude, la force de gravitation détermina la chute en avant. L'énorme fragment de rocher, qui devait peser au moins quatre mille quintaux (1), descendit en écrasant les buissons et les arbres qui se trouvaient sur son passage, et tomba enfin dans le torrent avec un bruit égal à la décharge de cent pièces d'artillerie. Ce bruit fut propagé par tous les échos, de

---

(1) 20 tonneaux. Le tonneau est un poids de 2000 livres.

montagne en montagne, de rocher en rocher, et le tumulte ne fit place au silence que lorsqu'il se fut élevé jusqu'à la région des neiges éternelles, qui, insensibles aux sons qui partent de la terre, entendirent cet horrible fracas dans leur solitude majestueuse, et le laissèrent mourir sans trouver une voix pour y répondre.

Quelles furent alors les pensées du malheureux père, qui vit tomber cette lourde masse, mais qui ne put voir si elle avait entraîné son fils dans sa chute? Son premier mouvement fut de courir vers le bord du précipice, dans le dessein d'y descendre comme l'avait fait Arthur; et lorsque Antonio le retint en lui entourant le corps de ses bras, il se retourna vers lui avec la fureur d'une ourse à qui l'on a dérobé ses petits.

— Laisse-moi, vil paysan, s'écria-t-il, ou tu vas périr à l'instant même!

— Hélas! s'écria le pauvre guide en se jetant à genoux devant lui, et moi aussi j'ai un père!

Cet appel à la nature pénétra dans l'ame du voyageur; il lâcha le jeune homme, et, levant vers le ciel les yeux et les mains, il s'écria du ton de l'angoisse la plus profonde, mais mêlée d'une pieuse résignation:

— *Fiat voluntas tua!* C'était mon dernier espoir; le plus aimable des enfans, le plus aimé, le plus digne de l'être! et je vois planer sur la vallée les oiseaux de proie qui vont se repaître de ses restes! Mais je le verrai encore une fois, ajouta le malheureux père, tandis que des vautours passaient sur sa tête; je reverrai mon Arthur, avant que l'aigle et le loup le déchirent. Je verrai tout ce qui reste encore de lui sur la terre. Ne me retenez pas. Restez ici, et suivez-moi des yeux. Si je péris, comme cela est probable, je vous charge de prendre les papiers cachetés que vous trouverez dans ma valise, et de les porter à la personne à qui ils sont adressés, dans le plus court délai possible. Il y a dans ma bourse assez d'argent pour me faire enterrer ainsi que mon pauvre Arthur, et pour faire dire des messes pour le repos de mon ame et de la sienne; il vous restera encore une riche récompense pour votre voyage.

L'honnête Helvétien, d'une intelligence assez bornée, mais naturellement sensible et fidèle, versa des larmes pendant que le vieux voyageur lui parlait ainsi. Cependant, craignant de l'irriter en s'opposant de nouveau à sa volonté, et même en lui faisant des remontrances, il le vit, en silence, s'apprêter à descendre dans le fatal précipice sur le bord duquel le malheureux Arthur semblait avoir subi un destin que son père, poussé par le désespoir de la tendresse paternelle, était déterminé à partager.

Tout à coup, de l'angle d'où s'était détachée cette masse de pierre sous les pieds téméraires d'Arthur, on entendit partir les sons rauques et prolongés d'une de ces cornes de l'*Urus*, ou bœuf sauvage de Suisse, qui, dans les anciens temps, donnaient aux montagnards le signal de la charge, et leur tenaient lieu, dans les batailles, de tous les instrumens de musique guerrière.

— Écoutez, signor, écoutez! s'écria le Grison, c'est

un signal de Geierstein. Quelqu'un va venir à notre aide dans un instant, et nous montrera le chemin le plus sûr pour chercher votre fils. Et regardez, regardez cet arbre dont on voit briller la verdure à travers le brouillard; saint Antonio me protège! j'y vois déployé quelque chose de blanc. C'est précisément derrière l'endroit d'où le quartier de rocher est tombé.

Le père chercha à fixer ses regards sur le lieu indiqué; mais ses yeux se remplissaient de larmes, et il ne put distinguer l'objet que son guide lui montrait.

— Tout est inutile, dit-il en passant sa main sur ses yeux; je ne verrai plus de lui que des restes inanimés.

— Vous le reverrez, vous le reverrez bien portant; saint Antoine le veut ainsi. Tenez! ne voyez-vous pas comme ce linge blanc est agité?

— Quelque reste de ses vêtemens, quelque misérable souvenir de son cruel destin. Non, mes yeux ne le voient pas. Ils ont vu la chute de ma maison. Je voudrais que les vautours de ces montagnes les eussent arrachés de leurs orbites.

— Mais regardez encore! Ce linge n'est pas accroché à un buisson. Je vois distinctement qu'il est placé au bout d'un bâton, et qu'on l'agite à droite et à gauche. C'est votre fils qui fait un signal pour vous apprendre qu'il est en sûreté.

— Et si cela est, dit le voyageur en joignant les mains, bénis soient les yeux qui le voient! bénie soit la langue qui le dit! Si nous retrouvons mon fils; si nous le retrouvons vivant, ce jour sera heureux pour toi aussi, Antonio.

—Tout ce que je vous demande, c'est d'attendre avec patience, de ne pas fermer l'oreille aux bons avis, et je me trouverai bien payé de mes services. Seulement, si un honnête garçon laissait périr les gens par suite de leur propre entêtement, cela ne lui ferait pas honneur. Car, après tout, c'est toujours sur le guide que retombe le blâme, comme s'il lui était possible d'empêcher le vieux Ponce de secouer les brouillards qui lui couvrent le front, la terre de s'ébouler du haut d'un rocher dans le fond d'une vallée, un jeune écervelé de marcher sur une langue de pierre qui n'est pas plus large que la lame d'un couteau, ou des fous, que leurs cheveux gris devraient rendre plus sages, de tirer le poignard comme des spadassins de Lombardie.

Le guide disait ainsi tout ce qui lui venait à l'esprit, et il aurait pu continuer long-temps sur le même ton, car le signor Philipson ne l'entendait pas. Toutes les pensées de son cœur se dirigeaient vers l'objet qu'Antonio lui avait fait envisager comme un signal annonçant que son fils était en sûreté. Il vit enfin flotter ce linge blanc, et il fut convaincu que le mouvement qui l'agitait ne pouvait lui être imprimé que par une main humaine. Aussi prompt à se livrer à l'espérance, qu'il l'avait été à s'abandonner au désespoir, il se prépara de nouveau à s'avancer vers son fils, afin de l'aider, s'il était possible, à gagner un lieu de sûreté; mais les prières et les remontrances réitérées d'Antonio le déterminèrent à attendre.

—Êtes-vous ce qu'il faut être pour marcher sur un pareil rocher? lui dit-il; êtes-vous en état de répéter votre *Credo* et votre *Ave*, sans déplacer un mot, sans en oublier un? car sans cela nos anciens vous diront que vous périrez vingt fois, eussiez-vous vingt vies à perdre. Avez-vous l'œil clair, et le pied ferme? Je crois que l'un coule comme une fontaine, et que l'autre frémit comme la feuille du tremble qui vous couvre la tête. Restez tranquille ici jusqu'à ce que vous voyiez arriver des gens qui seront plus en état que vous et moi, de donner du secours à votre fils. A en juger par le son de ce cornet, je pense que c'est celui du brave homme de Geierstein, Arnold Biederman. Il a vu le danger de votre fils, et il prend en ce moment même des mesures pour sa sûreté et pour la nôtre. Il y a des occasions où l'aide d'un étranger qui connaît bien le pays, est plus utile à un homme que celle de trois de ses frères qui ne le connaissent pas.

—Mais si ce cornet a réellement fait entendre un signal, comment se fait-il qu'Arthur n'y ait pas répondu?

—Et s'il y a répondu, comme cela est probable, comment l'aurions-nous entendu? Au milieu du tumulte du vent et de ce torrent, le son même de ce cornet ne s'est fait entendre à nous que comme la musette d'un jeune berger; comment donc le cri d'un homme serait-il arrivé jusqu'à nos oreilles?

—Il me semble cependant qu'au milieu de tout le fracas des élémens, j'entends quelque chose qui ressemble à la voix humaine; mais ce n'est pas celle d'Arthur.

— Je le crois bien, car c'est la voix d'une femme. Les jeunes filles conversent ensemble de cette manière d'un rocher à l'autre, pendant un ouragan et un orage, quand elles seraient à un mille de distance l'une de l'autre.

— Graces soient rendues au ciel du secours que sa providence nous envoie! j'espère encore que nous verrons cette fatale journée se terminer sans malheur. Je vais crier pour répondre.

Il essaya de crier de toute la force de ses poumons; mais ne connaissant pas l'art de se faire entendre dans ces contrées, sa voix, qui se mit à l'unisson avec les mugissemens des vagues et du vent, n'aurait pu être distinguée à cinquante pas de distance, et elle se confondit avec le bruit tumultueux de la guerre que se livraient les élémens. Antonio sourit de la tentative infructueuse du signor Philipson, et levant la voix à son tour, il poussa un cri perçant, aigu et prolongé, qui, quoique produit, en apparence, avec beaucoup moins d'efforts que celui de l'Anglais, était un son distinct des bruits du vent et des eaux, et qu'on pouvait vraisemblablement entendre à une distance considérable. D'autres cris analogues y répondirent dans le lointain, se répétèrent en s'approchant, et firent naître un nouvel espoir dans le cœur inquiet du voyageur.

Si la détresse du père rendait sa situation digne de compassion, son fils au même instant se trouvait dans une position des plus périlleuses. Nous avons déjà dit qu'Arthur Philipson avait d'abord marché le long de l'étroite saillie du rocher, avec le sang-froid, le courage et la résolution inébranlables qui étaient nécessaires pour accomplir une tâche où tout devait dépendre de la fermeté des nerfs ; mais l'accident qui avait arrêté sa marche était d'une nature si formidable, qu'il lui fit sentir toute l'amertume d'une mort soudaine, horrible, et, ce qu'il lui avait paru, inévitable. Il avait senti le roc trembler et s'affaisser sous ses pieds, et quoique, par un effort de l'instinct plus que de la volonté, il se fût préservé de la mort affreuse qui l'attendait s'il fût resté une seconde de plus sur cette masse de pierre chancelante, il lui semblait que la meilleure partie de lui-même, la force de son corps et la fermeté de son ame, avaient été brisées par la chute de ce roc, lorsqu'il tomba avec un bruit semblable aux éclats du tonnerre, et au milieu d'un nuage de poussière, dans le torrent impétueux qui coulait au fond du précipice. En un mot, le marin précipité par une vague du pont d'un vaisseau naufragé, devenu le jouet des flots, et poussé contre les écueils qui bordent le rivage, ne diffère pas plus de ce même marin, qui, au commencement de la tempête, se tenait sur le tillac de son navire favori, fier de sa propre dextérité et de la force de son bâtiment, qu'Arthur, en commençant son expédition, ne différait du même Arthur, embrassant le tronc à demi desséché d'un vieil arbre, suspendu entre le ciel et la terre, après avoir vu s'écrouler le quartier de rocher dont il avait été si près de partager la chute. La terreur agissait sur ses sens comme sur son ame, car il voyait mille couleurs lui passer devant les yeux ; sa tête était attaquée de vertiges, et il ne pouvait plus commander à ses membres qui l'avaient jusqu'alors si bien servi. Ses bras et ses mains, qui semblaient ne plus obéir qu'à une impulsion étrangère, tantôt s'accrochaient aux branches de l'arbre avec une ténacité qu'il lui eût été impossible de modérer, tantôt tremblaient comme désarticulés, de manière à lui faire craindre de ne pouvoir se soutenir dans sa position.

Un incident bien peu important en lui-même ajouta encore à la détresse de cette singulière agitation. Des volées de hiboux, de chauves-souris, et d'autres oiseaux de ténèbres, effrayés par le bruit de la chute du roc, s'étaient répandues dans les airs, puis s'étaient hâtées de retourner dans les lierres et dans les crevasses des rochers voisins qui leur servaient de refuge pendant le jour. Parmi ces oiseaux de mauvais augure, se trouvait un *lammer-geier*, ou vautour des Alpes, oiseau plus grand et plus vorace que l'aigle même, et qu'Arthur n'avait pas été accoutumé à voir, ou du moins qu'il n'avait jamais vu de très-près. Avec l'instinct de la plupart des oiseaux de proie, l'usage de celui-ci, quand il est gorgé de nourriture, est de se retirer en quelque endroit inaccessible, et d'y rester stationnaire et immobile jusqu'à ce que le travail de la digestion soit accompli, après quoi il retrouve son activité avec son appétit. Troublé dans un repos semblable qu'il goûtait sur la montagne à laquelle les habitans ont donné son nom, un de ces oiseaux terribles, prenant son essor, avait décrit un grand cercle dans les airs, en battant nonchalamment des ailes, et était venu s'abattre sur une pointe de rocher qui n'était pas à plus de deux toises de l'arbre sur lequel Arthur occupait une situation si précaire. Quoique encore plongé dans une sorte de torpeur, le vautour, d'après l'état d'immobilité du jeune homme, semblait le supposer mort ou mourant, et il le regardait fixement, sans montrer aucun signe de cette crainte qu'éprouvent ordinairement les animaux les plus féroces quand ils se trouvent à la proximité de l'homme.

Tandis qu'Arthur faisait des efforts pour bannir la terreur subite qu'avait fait naître en lui la chute du rocher, il leva les yeux pour regarder autour de lui peu à peu et avec précaution, et rencontra ceux de cet oiseau vorace et sinistre, que sa tête et son cou sans plumes, ses yeux entourés d'un iris d'un jaune brunâtre, et sa position plus horizontale que droite, distinguent de l'aigle aux formes nobles et au regard audacieux, comme le loup, maigre, hideux et féroce, quoique lâche, est au-dessous du lion à l'air majestueux.

Les yeux du jeune Philipson restaient fixés sur cet oiseau sinistre, sans qu'il fût en son pouvoir de les en détourner, comme s'il eût été fasciné par un charme. La crainte d'un péril imaginaire et de dangers réels pesait sur son esprit affaibli par suite de la situation dans laquelle il se trouvait. Le voisinage d'une créature aussi odieuse à l'espèce humaine lui semblait d'aussi mauvais augure qu'extraordinaire. Pourquoi cet oiseau farouche le regardait-il avec tant de persévérance, le corps avancé de son côté, comme s'il eût voulu fondre sur lui? Ce *lammer-geier* était-il le génie du lieu qui portait son nom? venait-il se repaître de la joie que devait lui causer la vue d'un étranger attiré imprudemment dans ses domaines, et exposé aux périls dont ils sont semés, presque sans espoir de salut? si ce n'était qu'un vautour habitant ces montagnes, son instinct lui faisait-il prévoir que le voyageur téméraire était destiné à devenir bientôt sa proie? Cet oiseau dont on assure que les sens sont si vifs, pouvait-il, d'après toutes les circonstances, calculer la mort prochaine d'un étranger, et, comme le corbeau et la corneille qui épient un mouton mourant, attendait-il l'instant de commencer son banquet barbare? était-il possible que lui, Arthur, fût condamné à sentir le bec et les serres cruelles de ce vautour, avant que son cœur eût cessé de battre? avait-il déjà perdu la dignité de la forme humaine, qui inspire à toutes les créatures d'un ordre inférieur une crainte respectueuse de l'être formé à l'image du Créateur?

De semblables craintes firent plus que la raison pour rendre quelque élasticité à l'esprit du jeune homme; en usant de la plus grande précaution dans tous ses mouvemens, il parvint, en agitant son mouchoir, à faire partir le vautour du poste qu'il occupait. L'oiseau prit son essor en poussant un cri aigre et lugubre, et, étendant ses ailes, alla chercher quelque autre lieu où son repos ne serait pas troublé, tandis que le jeune imprudent se réjouissait d'avoir été délivré de sa présence odieuse.

Plus maître alors de ses idées, Arthur, qui, de l'endroit où il était, pouvait apercevoir une partie de la plate-forme sur laquelle il avait laissé son père, chercha à l'informer de sa situation en agitant le plus haut possible le mouchoir à l'aide duquel il avait chassé le vautour. De même que son père, il entendit aussi, mais à moins de distance, le son de la corne des montagnes, qui semblait lui annoncer un secours peu éloigné. Il y répondit en criant et en agitant encore le mouchoir, pour indiquer l'endroit vers lequel devaient se diriger ceux qui se proposaient de venir à son aide : puis rappelant ses facultés, qui l'avaient presque abandonné, il chercha à faire rentrer l'espérance dans son cœur, et à retrouver ses forces avec son courage.

Fidèle catholique, il fit une prière pour se recommander à Notre-Dame-d'Ensiedlen. — Notre-Dame pleine de graces, finit-il par s'écrier, si mon destin est de perdre la vie comme un renard chassé au milieu de cette région sauvage, parmi des rochers chancelans, rendez-moi du moins la patience et le courage dont j'étais doué, et ne souffrez pas que celui qui a vécu en homme, quoique pécheur, meure comme un lièvre timide.

S'étant pieusement recommandé à cette protectrice, dont les légendes de l'église catholique tracent un si aimable portrait, Arthur, quoique tremblant encore de l'agitation violente qu'il avait éprouvée, dirigea toutes ses pensées vers les moyens de se tirer de sa position dangereuse. Mais, en regardant autour de lui, il s'aperçut de plus en plus qu'il était complètement épuisé par les fatigues et les inquiétudes qu'il venait d'éprouver. Tous les efforts dont il était capable ne purent fixer ses yeux égarés sur les objets qui l'entouraient. Les arbres, les rochers, tout ce qui se trouvait entre lui et le château en ruines de Geierstein, lui semblaient danser en rond ; et telle était la confusion de ses idées, que, s'il ne lui était resté assez de présence d'esprit pour sentir que ce serait un trait de véritable folie, il se serait jeté à bas de l'arbre, comme pour prendre part à la danse étrange qu'avait créée son imagination en délire.

— Que le ciel me protège ! s'écria le malheureux jeune homme en fermant les yeux, dans l'espoir qu'en cessant de voir ce qui augmentait la terreur de sa situation, ses idées pourraient prendre un cours plus calme ; mes sens m'abandonnent.

Il fut encore plus convaincu de la vérité de cette dernière pensée, quand il crut entendre, à assez peu de distance, une voix de femme, ou plutôt un cri perçant, quoique l'accent en fût mélodieux, et qui semblait lui être adressé. Il rouvrit les yeux, leva la tête, et porta ses regards du côté d'où le son paraissait partir, quoiqu'il pût à peine croire que ce ne fût pas encore un effet du délire de son imagination. L'apparition qui se montra à ses yeux le confirma presque dans l'idée qu'il avait le cerveau dérangé, et qu'il ne pouvait plus compter sur l'exactitude du rapport de ses sens.

Sur le sommet d'un rocher de forme pyramidale, qui s'élevait du fond de la vallée, parut une femme, mais tellement enveloppée de brouillard, que l'œil ne pouvait l'apercevoir qu'imparfaitement. Sa taille, se dessinant en relief sur le firmament, présentait l'idée indéfinie d'un esprit aérien, plutôt que d'une mortelle ; car elle semblait aussi légère et presque aussi transparente que les vapeurs qui entouraient le piédestal élevé sur lequel elle était placée. Arthur fut d'abord porté à croire que la Vierge avait exaucé ses prières, et était venue en personne pour le secourir. Il allait réciter un *Ave*, quand la même voix lui fit entendre de nouveau cette étrange mélopée qui met les habitans des Alpes en état de se parler d'une montagne à une autre, à travers des ravins d'une largeur et d'une profondeur considérables.

Tandis qu'il réfléchissait à la manière dont il s'adresserait à cette apparition inattendue, elle disparut du point qu'elle occupait d'abord, et se remontra bientôt sur la pointe du rocher au pied duquel croissait horizontalement l'arbre sur lequel Arthur s'était réfugié. Son air et son costume prouvaient que c'était une habitante de ces montagnes, qui en connaissait les sentiers dangereux. En un mot, il voyait devant lui une jeune et belle femme qui le regardait avec un mélange de compassion et de surprise.

— Étranger, lui dit-elle enfin, qui êtes-vous? d'où venez-vous?

— Je suis étranger comme vous le dites, jeune fille, répondit Arthur en levant la tête vers elle aussi bien qu'il le pouvait; j'ai quitté Lucerne ce matin avec mon père et un guide; je les ai laissés à environ un demi-mille d'ici. Vous serait-il possible de leur donner avis que je suis en sûreté? car je sais que mon père est dans une cruelle inquiétude?

— Bien volontiers, répondit la jeune fille; mais je crois que mon oncle ou quelques-uns de mes parens les auront déjà trouvés, et leur serviront de guides. — Ne puis-je vous aider? — Êtes-vous blessé? Nous avons été alarmés par le bruit de la chute d'un rocher.—Oui, le voilà là-bas, et c'est une masse d'une taille peu ordinaire.

Tout en parlant ainsi, la jeune Helvétienne s'approcha si près du bord du précipice, et regarda au fond du gouffre avec un air si indifférent, que la force de la sympathie qui unit en pareilles occasions celui qui agit et celui qui regarde, occasiona de nouveaux vertiges à Arthur; il s'accrocha plus fortement que jamais à son arbre, en poussant une sorte de gémissement.

— Êtes-vous blessé? lui demanda une seconde fois la jeune fille qui le vit pâlir; quel mal éprouvez-vous?

— Aucun, jeune fille, si ce n'est quelques légères meurtrissures; mais la tête me tourne, et le cœur me manque, en vous voyant si près de cet abîme.

— N'est-ce que cela? Sachez, étranger, que je ne me trouve pas plus tranquille dans la maison de mon oncle que sur le bord de précipices en comparaison desquels celui-ci n'offre qu'un obstacle qu'un enfant pourrait franchir. Mais si j'en juge par les traces que je remarque, vous êtes venu ici le long de la saillie du rocher dont la terre s'est éboulée récemment; vous devriez donc être bien au-dessus d'une pareille faiblesse, puisque, vous aussi, vous avez le droit de vous dire montagnard.

— J'aurais pu me donner ce nom il y a une demi-heure, mais je crois que désormais je n'oserai plus le prendre.

— Ne vous découragez pas pour un saisissement de

cœur passager qui peut ébranler le courage et obscurcir la vue de l'homme qui a le plus de bravoure et d'expérience. Levez-vous, marchez hardiment sur le tronc de cet arbre, et quand vous serez au milieu, vous n'aurez plus qu'un saut à faire pour vous trouver sur la petite plate-forme où vous me voyez. Après cela, vous ne rencontrerez plus ni obstacle ni danger qui méritent qu'on en parle à un jeune homme dont les membres sont robustes, et aussi courageux que leste.

— Mes membres sont robustes, répondit le jeune homme, mais je rougis en pensant combien le courage me manque. Cependant je ne souffrirai pas que vous ayez honte de l'intérêt que vous avez pris à un malheureux voyageur, en écoutant plus long-temps des craintes qui jusqu'à ce jour n'avaient jamais trouvé d'accès dans mon cœur.

La jeune fille le regarda avec beaucoup d'intérêt, et non sans quelque inquiétude, tandis qu'il se levait avec précaution, et qu'il descendait le long du tronc de l'arbre, qui s'élançait d'une crevasse du bas du rocher sur lequel elle se trouvait, dans une position presque horizontale, et dont la partie sur laquelle il était tremblait sous lui. Le saut qu'il avait à faire pour arriver sur la plate-forme où était la jeune fille n'eût été rien sur un terrain ferme et uni, mais il s'agissait ici de passer sur un abîme profond, au fond duquel un torrent mugissait avec fureur. Les genoux d'Arthur battaient l'un contre l'autre, et ses pieds, devenus lourds, semblaient lui refuser tout service. Il éprouvait, à un plus fort degré que jamais, cette influence de la crainte, que ceux qui l'ont éprouvée dans une situation si dangereuse ne peuvent jamais oublier, et que ceux qui, heureusement pour eux, ne l'ont jamais connue, peuvent avoir quelque peine à comprendre.

La jeune fille vit son émotion, et en prévit les conséquences. Ne voyant qu'un seul moyen pour lui rendre de la confiance, elle sauta légèrement du rocher sur le tronc d'arbre, où elle resta avec autant d'aisance et de tranquillité qu'un oiseau, et par un second saut se retrouva presque au même instant sur la plate-forme. Étendant alors le bras vers Arthur :—Mon bras n'est qu'une faible balustrade, lui dit-elle, mais avancez avec résolution, et vous le trouverez aussi ferme que les murailles de Berne.

La honte l'emportait alors tellement sur la terreur dans l'esprit d'Arthur, que, refusant l'aide qu'il n'aurait pu accepter sans se dégrader à ses propres yeux, il fit de nécessité vertu, exécuta avec succès le saut redoutable, et se trouva sur la plate-forme à côté de la jeune fille.

Son premier mouvement fut naturellement de lui prendre la main, et de la porter à ses lèvres avec respect et reconnaissance ; et elle n'aurait pu l'en empêcher sans affecter une sorte de pruderie qui n'était nullement dans son caractère ; c'eût été donner lieu à un débat cérémonieux sur un objet bien peu important, et sur un théâtre qui n'y convenait guère une plate-forme de rochers d'environ cinq pieds de longueur sur trois de largeur.

CHAPITRE III

« Maudits l'or et l'argent dont l'attrait nous invite
« A trafiquer au loin pour faire un gain licite !
« La paix, au teint de lis, brille plus que l'argent ;
« L'or, bien moins que la vie, est un besoin urgent ;
« Et pourtant, à travers des déserts si stériles,
« L'intérêt nous conduit dans ces marchés des villes. »
   Collins. *Hassan, ou le Conducteur de chameaux.*

Arthur Philipson et Anne de Geierstein, dans cette situation, éprouvèrent un léger degré d'embarras ; le jeune homme, sans doute dans la crainte de passer pour poltron aux yeux de celle qui l'avait secouru, et la jeune fille peut-être par suite des efforts qu'elle avait faits, ou parce qu'elle se voyait si soudainement placée en contact presque immédiat avec le jeune homme à qui elle avait probablement sauvé la vie.

— Maintenant, lui dit Arthur, il faut que je retourne près de mon père. La vie que je dois à votre secours n'a de prix pour moi qu'en ce qu'il m'est permis à présent de courir à son aide.

Il fut interrompu par le son d'un autre cornet qui semblait partir du côté de l'endroit où Philipson père et son guide avaient été laissés par leur entreprenant compagnon. Mais la plate-forme, dont il n'apercevait qu'une partie, de l'arbre sur lequel il avait été perché, était tout-à-fait invisible du lieu où il se trouvait alors.

— Il me serait bien aisé, dit la jeune fille, de passer sur cet arbre, et de voir là bas si je pourrais découvrir vos amis ; mais je suis convaincue qu'ils ont maintenant de meilleurs guides que vous ou moi ne pourrions l'être ; car le son de ce cornet annonce que mon oncle ou quelques-uns de mes jeunes parens sont arrivés près d'eux. Ils sont maintenant en marche vers Geierstein, et, si vous le trouvez bon, je vais vous y conduire ; car vous pouvez être assuré que mon oncle Arnold ne souffrira pas que vous alliez plus loin aujourd'hui, et nous ne ferions que perdre du temps en cherchant à rejoindre vos amis, qui, de l'endroit où vous dites que vous les avez laissés, doivent être rendus à Geierstein bien avant nous. Suivez-moi donc, ou je supposerai que vous êtes déjà las de me prendre pour guide.

— Supposez plutôt que je suis las de la vie que vous m'avez probablement conservée, répondit Arthur en se préparant à la suivre. Il examina en même temps le costume, la taille et les traits de sa jeune conductrice, examen qui confirma la satisfaction qu'il avait en la suivant, quoiqu'il ne pût le faire en ce moment avec un détail aussi circonstancié que celui que nous allons prendre la liberté de mettre sous les yeux de nos lecteurs.

Son vêtement de dessus n'était ni assez serré pour dessiner ses membres, ce qui était défendu par les lois somptuaires du canton, ni assez large pour gêner ses mouvemens quand elle marchait ou gravissait les rochers; il couvrait une tunique d'une couleur différente, et lui descendait jusqu'à mi-jambes, dont la partie inférieure restait exposée à la vue dans toutes ses belles proportions. Ses sandales se terminaient en pointe recourbée, et les bandelettes croisées au-dessus de la cheville, pour les y attacher, étaient garnies d'anneaux d'argent. Sa taille était serrée par une ceinture de soie de diverses couleurs, ornée de fils d'or faisant partie du tissu. Sa tunique, ouverte par-devant, qui laissait voir un cou élégant et d'une pure blancheur, permettait même à l'œil de pénétrer encore plus bas. Cette blancheur contrastait un peu avec son visage légèrement bruni par l'air et le soleil, non pas au point de diminuer sa beauté, mais seulement assez pour prouver qu'elle possédait cette santé dont on est redevable à l'habitude de l'exercice. Ses longs cheveux blonds tombaient en tresses nombreuses sur ses tempes; ses yeux bleus, ses traits aimables, et leur expression pleine de dignité et de simplicité, indiquaient en même temps le caractère de douceur, de confiance et de résolution d'une ame trop vertueuse pour soupçonner le mal, et trop fière pour le craindre. Sur ces cheveux, l'ornement naturel de la beauté, et celui qui lui sied le mieux, ou plutôt, devrais-je dire, au milieu de ces cheveux était placée une petite toque, qui, d'après sa forme, était moins destinée à protéger sa tête, qu'à prouver le goût de la jeune fille, qui n'avait pas manqué, suivant la coutume des montagnes, de la décorer d'une plume de héron, et y avait ajouté, luxe encore peu commun à cette époque, une petite chaîne d'or fort mince, assez longue pour en faire quatre à cinq fois le tour, et dont les deux bouts étaient assurés sous un large médaillon de même métal.

Il me reste seulement à ajouter que la taille de cette jeune personne s'élevait au-dessus de la stature commune, et que tous les contours de ses formes, sans rien avoir de masculin, lui donnaient l'air de Minerve, plutôt que la beauté fière de Junon, ou les graces voluptueuses de Vénus. Un front noble, des membres souples et bien formés, un pas ferme et léger en même temps, sa modestie virginale, et surtout son air ouvert et son assurance ingénue, tels étaient les charmes de la jeune Helvétienne, digne en effet d'être comparée à la déesse de la sagesse et de la chasteté.

La route que le jeune Anglais suivait alors sous sa conduite était difficile et raboteuse, mais on ne pouvait dire qu'elle fût dangereuse, surtout en la comparant avec le chemin qu'il venait de faire sur les rochers. C'était, dans le fait, la continuation du sentier, et l'éboulement de terre, dont il a été si souvent parlé, en avait détruit une partie. Quoiqu'il eût été endommagé en divers endroits, à l'époque du même tremblement de terre, on y voyait des marques indiquant qu'il avait déjà été grossièrement réparé, de manière à le rendre praticable pour des gens qui attachent aussi peu d'importance que les Suisses à avoir des chemins de communication unis et bien nivelés. La jeune fille apprit aussi à Arthur que la route actuelle faisait un circuit pour aller rejoindre celle que ses compagnons et lui avaient suivie dans la matinée, de sorte que s'ils avaient tourné au point de jonction de ce nouveau chemin avec l'ancien, ils auraient évité le danger qu'ils avaient couru en s'approchant du précipice.

Le sentier sur lequel ils marchaient alors était plus loin du torrent, quoiqu'on en entendît encore le tonnerre souterrain, dont les éclats avaient augmenté tant qu'ils avaient monté parallèlement à son cours. Mais tout à coup le sentier, tournant à angle droit, se dirigea en ligne directe vers le vieux château, et ils eurent sous les yeux un des tableaux les plus splendides et les plus imposans de ces montagnes.

L'ancienne tour de Geierstein, quoiqu'elle ne fût ni très-considérable, ni distinguée par des ornemens d'architecture, avait un air de dignité et de terreur qu'elle devait à sa position sur le bord de la rive opposée du torrent, qui, précisément à l'angle du rocher sur lequel les ruines sont situées, forme une cascade d'environ cent pieds de hauteur, et se précipite du défilé dans un bassin formé dans le roc vif, et que ses eaux ont peut-être creusé depuis le commencement des temps. En face de ces eaux éternellement mugissantes et coulant à ses pieds, s'élevait la vieille tour, construite si près du bord du rocher, que les arcs-boutans que l'architecte avait employés pour en fortifier les fondations, semblaient faire partie du roc, et s'élevaient, ainsi que lui, en ligne perpendiculaire. Comme c'était l'usage dans toute l'Europe aux temps de la féodalité, la principale partie du bâtiment formait un carré massif, dont le sommet, alors en ruines, était rendu pittoresque par les tourelles de différentes formes et de diverses hauteurs qui le flanquaient, les unes étant rondes, les autres angulaires, plusieurs étant en ruine, quelques-unes encore presque entières ; ce qui variait la vue en perspective de cet édifice, qui se dessinait sur un ciel orageux.

Une poterne en saillie, à laquelle on descendait de la tour par un escalier, avait autrefois conduit à un pont qui donnait accès du château à l'autre côté du torrent où se trouvaient alors Arthur Philipson et sa belle conductrice. Une seule arche, ou pour mieux dire le côté d'une arche, consistant en grosses pierres, subsistait encore, et se montrait sur le torrent, précisément en face de la chute d'eau. Jadis cette arche avait servi à soutenir un pont-levis en bois, d'une largeur convenable, mais d'une telle longueur et d'un tel poids, qu'il était indispensable qu'il reposât, en se baissant, sur quelque fondation solide. Il est vrai qu'il en résultait un inconvénient: même quand le pont-levis était levé, il y avait possibilité d'approcher de la porte du château par le moyen des pierres destinées à en recevoir les côtés ; mais comme ce passage n'avait pas plus de dix-huit pouces de largeur, et que l'ennemi audacieux qui aurait osé le traverser n'aurait pu arriver qu'à une entrée régulièrement défendue par une herse, flanquée de tourelles et de remparts d'où l'on pouvait lancer des pierres et des traits, et verser du plomb fondu ou de l'eau bouillante sur l'ennemi, on ne regardait pas la possibilité de cette tentative comme préjudiciable à la sûreté du château.

Dans le temps dont nous parlons, le château étant entièrement ruiné et démantelé, la porte, la herse et le pont-levis n'existant plus, le passage voûté sous lequel la porte avait été placée, et les pierres étroites qui unissaient encore les deux côtés de la rivière, servaient de moyen de communication entre les deux rives pour les habitans des environs, que l'habitude avait familiarisés avec les dangers d'un tel passage.

Pendant ce court trajet, Arthur Philipson, comme un bon arc nouvellement tendu, avait repris l'élasticité de corps et d'esprit qui lui était naturelle. A la vérité ce ne fut pas avec une tranquillité parfaite qu'il suivit sa conductrice, tandis qu'elle marchait légèrement sur cet étroit passage formé de pierres raboteuses, mouillées et rendues continuellement glissantes par les vapeurs de la cascade voisine. Ce ne fut pas sans appréhension qu'il accomplit ce fait périlleux à si peu de distance de la chute d'eau, dont il ne pouvait s'empêcher d'entendre le bruit assourdissant, quoiqu'il eût grand soin de ne pas tourner la tête de ce côté, de peur d'éprouver de nouveaux vertiges en voyant les eaux se précipiter du haut du rocher, dans un abîme qui paraissait sans fond. Mais, malgré son agitation intérieure, la honte naturelle de laisser voir de la crainte, quand une jeune et belle femme montrait tant de calme, et le désir de réparer sa réputation aux yeux de sa conductrice, empêchèrent Arthur de s'abandonner à l'émotion qui l'avait accablé bien peu de temps auparavant. Marchant avec fermeté, mais se soutenant avec précaution de son bâton ferré, il suivit les pas légers de la jeune Helvétienne le long de ce mont redoutable ; il passa après elle par la poterne en ruines, et monta l'escalier, qui était dans un semblable état de délabrement.

Ils se trouvèrent alors dans un espace couvert de ruines, ayant été autrefois une cour en face de la tour, qui s'élevait avec une sombre dignité au milieu des débris d'ouvrages de fortification, et des bâtimens destinés à divers usages. Ils traversèrent rapidement ces ruines, sur lesquelles la nature avait jeté un manteau sauvage de mousse, de lierre et d'autres plantes grimpantes, et ils en sortirent par la porte principale du château, pour entrer dans un de ces endroits que la nature embellit souvent de ses charmes les plus délicieux, même au milieu des contrées en apparence arides et désolées.

Le château s'élevait aussi de ce côté beaucoup au-dessus du sol des environs; mais l'élévation du site, produite, du côté du torrent, par un rocher perpendiculaire, offrait de ce côté-ci une pente rapide qui avait été formée en talus, comme un glacis moderne, pour mettre l'édifice plus en sûreté. Ce terrain était alors couvert de jeunes arbres et de buissons, au milieu desquels la tour s'élevait avec toute la dignité d'une belle ruine. Au-delà de ces bosquets en pente, la vue présentait un caractère tout différent. Une étendue de terre de plus de cent acres était entourée de rochers et de montagnes qui, tout en conservant l'aspect sauvage de la contrée que nos voyageurs avaient traversée le matin, environnaient et en quelque sorte défendaient un petit canton où la nature était plus fertile et se montrait sous des traits plus doux. La surface de ce domaine était extrêmement variée, mais en général la terre y suivait une pente douce vers le sud.

Une grande maison construite en bois, sans le moindre égard pour la régularité ou la symétrie, mais indiquant par la fumée qui en sortait, comme par le nombre et la grandeur des bâtimens de toute nature qui l'environnaient, et par les champs bien cultivés qu'on voyait tout à l'entour, que c'était le séjour, sinon de la splendeur, du moins de l'aisance. Un verger rempli d'arbres fruitiers en plein rapport s'étendait au sud de la maison. Des groupes de noyers et de châtaigniers croissaient majestueusement ensemble, et un vignoble de trois ou quatre acres prouvait même que la vigne y était cultivée avec intelligence et succès. Cette dernière culture est maintenant universellement répandue dans toute la Suisse; mais, dans le temps dont nous parlons, elle n'occupait qu'un petit nombre de propriétaires assez heureux pour avoir le rare avantage d'unir l'intelligence à la richesse, ou du moins à l'aisance.

Dans de riches pâturages, paissaient un grand nombre de bestiaux de cette belle race qui fait l'orgueil et la richesse des montagnards suisses. On les avait retirés des contrées plus montagneuses où ils avaient passé l'été, pour qu'ils fussent plus près de l'abri dont ils auraient besoin à l'époque des orages d'automne. Dans quelques endroits choisis, les agneaux tondaient tranquillement l'herbe de belles prairies ; dans d'autres, de grands arbres, produit naturel du sol, croissaient sans craindre la hache, jusqu'à ce qu'on eût besoin d'en abattre quelqu'un pour se procurer du bois de construction, et donnaient un aspect de verdure et de bois à un tableau de culture agricole. Un petit ruisseau serpentait à travers ce paradis ceint de montagnes, tantôt réfléchissant les rayons du soleil, qui avait alors dissipé le brouillard, tantôt indiquant sa course par des rives élevées couvertes de grands arbres, et tantôt la cachant sous des buissons d'aubépines et de noisetiers. Ce ruisseau, après maints détours qui semblaient indiquer sa répugnance à quitter ce séjour paisible, sortait enfin de ce domaine écarté, et, semblable à un jeune homme abandonnant les simples jeux de l'adolescence pour entrer dans la carrière d'une vie active et agitée allait s'unir au torrent impétueux qui, descendant avec fracas des montagnes, venait frapper le rocher sur lequel s'élevait l'ancienne tour de Geierstein, et se précipitait ensuite dans le défilé sur les bords duquel notre jeune voyageur avait été sur le point de perdre la vie.

Quelque impatient que fût Arthur de rejoindre son père, il ne put s'empêcher de s'arrêter un moment, tant il était surpris de trouver tant de beautés champêtres au milieu d'une pareille scène d'horreur; et il jeta un regard en arrière sur la tour de Geierstein et sur le rocher escarpé qui lui avait donné son nom, comme pour s'assurer, par la vue de ces objets remarquables, qu'il était réellement dans les environs de ce désert sauvage où il avait éprouvé tant de dangers et de terreur. Cependant les limites de cette ferme bien cultivée étaient si bornées, que ce coup d'œil en arrière était à peine nécessaire pour convaincre le spectateur que cet endroit où l'industrie humaine avait trouvé les moyens de se déployer, et qui semblait avoir été mis en valeur par suite de travaux considérables, était en bien faible proportion avec la nature agreste et sauvage de la contrée environnante. Ici, de hautes montagnes formaient des murailles de rochers; là, revêtues de forêts de pins et de mélèzes dont l'existence remontait peut-être à celle du monde. Au-dessus de ces montagnes et de l'éminence sur laquelle la tour était située, on pouvait voir la nuance presque rosée d'un immense glacier frappé par les rayons du soleil; et encore plus haut, sur la surface brillante de cette mer de glace, s'élevaient, avec une dignité silencieuse, les pics de ces montagnes innombrables, couronnées de neiges éternelles.

Ce qu'il nous a fallu quelque temps pour décrire n'occupa le jeune Philipson qu'une minute ou deux; car, sur une pelouse en pente douce qui était en face de la ferme, comme on pouvait nommer la maison, il aperçut de loin cinq à six hommes, dans le premier desquels, à sa marche, à son costume et à la forme de sa toque, il lui fut aisé de reconnaître son père, ce père qu'il espérait à peine revoir.

Il suivit donc avec empressement sa conductrice, pendant qu'elle descendait la colline escarpée au haut de laquelle était la vieille tour. Ils s'approchèrent du groupe qu'ils avaient aperçu ; le vieux Philipson doubla le pas pour joindre son fils, accompagné d'un homme d'un âge avancé, d'une taille presque gigantesque, et qui, par son air simple et majestueux en même temps, semblait le digne concitoyen de Guillaume Tell, de Staufbacher, de Winkelried, et d'autres Suisses célèbres, dont le cœur ferme et le bras vigoureux avaient, le siècle précédent, défendu avec succès, contre des armées innombrables, leur liberté personnelle et l'indépendance de leur pays.

Avec une courtoisie naturelle, et comme pour éviter au père et au fils le désagrément d'avoir, en présence de témoins, une entrevue qui devait leur causer de l'émotion à tous deux, le Landamman, en s'avançant avec le vieux Philipson, fit signe à ceux qui le suivaient, et qui tous semblaient être des jeunes gens, de rester en arrière. Ils s'arrêtèrent donc à quelques pas, et parurent interroger Antonio sur les aventures des étrangers. Anne, conductrice d'Arthur, avait à peine eu le temps de lui dire : — Ce vieillard est mon oncle, Arnold Biederman, et ces jeunes gens sont mes parens, quand le Landamman et le vieux Philipson arrivèrent. Avec la même délicatesse qu'il avait déjà montrée, Arnold prit sa nièce à part ; et tout en lui demandant compte de l'expédition qu'elle venait de faire, il examina le père et le fils pendant leur entrevue avec autant de curiosité que la civilité lui permettait d'en montrer. Elle se passa tout différemment qu'il ne s'y était attendu.

Le vieux Philipson avait la plus vive tendresse pour

son fils : nous l'avons vu prêt à courir à la mort quand il avait eu à craindre de l'avoir perdu ; et l'on ne peut douter de sa joie quand il fut rendu à son affection. On aurait donc pu s'attendre à voir le père et le fils se précipiter dans les bras l'un de l'autre, et telle était probablement la scène dont Arnold Biederman avait cru qu'il allait être témoin.

Mais le voyageur anglais, comme un grand nombre de ses compatriotes, cachait des sentimens vifs et profonds sous une apparence de froideur, et il aurait regardé comme une faiblesse de s'abandonner sans réserve aux émotions les plus douces et les plus naturelles. Il avait été, dans sa jeunesse, ce qu'on peut appeler un homme bien fait, et sa physionomie, encore belle à un âge plus avancé, avait une expression qui annonçait un homme peu disposé à céder lui-même à ses passions ou à encourager trop de confiance dans les autres. Il avait doublé le pas en apercevant son fils, par suite du désir naturel qu'il avait de se trouver près de lui; mais il le ralentit en s'en approchant, et quand ils furent en présence, il lui adressa, avec un ton de réprimande plutôt que d'affection, ce rapproche inspiré par la tendresse paternelle : — Arthur, que tous les saints vous pardonnent le chagrin que vous m'avez causé aujourd'hui !

— *Amen !* répondit le jeune homme; je dois avoir besoin de pardon, puisque je vous ai causé du chagrin. Croyez pourtant que j'ai agi pour le mieux.

— Il est heureux, Arthur, qu'en agissant pour le mieux, et en n'écoutant que votre volonté, il ne vous soit rien arrivé de pire.

— C'est à cette jeune personne que j'en suis redevable, lui répondit son fils avec un ton de patience et de soumission, en lui montrant Anne, qui se tenait à quelques pas de distance, désirant peut-être ne pas entendre des reproches qui pouvaient lui paraître déraisonnables et inopportuns.

— Je lui ferai mes remerciemens quand je pourrai savoir de quelle manière je dois les lui adresser : mais croyez-vous, Arthur, qu'il soit honorable, qu'il soit convenable que vous ayez reçu d'une femme des secours qu'il est du devoir d'un homme d'accorder au sexe le plus faible?

Arthur baissa la tête, et ses joues se couvrirent de rougeur. Arnold Biederman s'en aperçut, et voulant venir à son secours, il s'approcha d'eux et prit part à la conversation.

— Jeune homme, lui dit-il, ne rougissez pas d'avoir reçu des avis ou des secours d'une fille d'Underwald. Apprenez que la liberté de ce pays est due à la sagesse et à la fermeté de tous ses enfans, de ses filles aussi-bien que de ses fils. Et vous, mon vieil hôte, vous qui, à ce qu'il paraît, avez vu bien des années et plusieurs contrées, vous devez avoir trouvé bien des exemples qui prouvent que souvent le plus fort est sauvé par le secours du plus faible, le plus fier par l'aide du plus humble.

— J'ai du moins appris, répondit l'Anglais, à ne pas débattre une question sans nécessité avec l'hôte qui m'a accueilli avec bonté. Et, après avoir jeté sur son fils un regard qui semblait briller de la plus vive affection, il reprit, tandis qu'on retournait vers la maison, la conversation qu'il avait commencée avec sa nouvelle connaissance avant qu'Arthur et sa conductrice fussent arrivés.

Arthur, pendant ce temps, eut le loisir d'examiner l'air et les traits de leur hôte, qui, dans leur caractère mâle et sans affectation, offraient un mélange de simplicité antique et de dignité agreste. Ses vêtemens, quant à la forme, ne différaient guère de ceux de la jeune fille, dont nous avons déjà fait la description. Ils consistaient en une espèce de fourreau, presque de même forme que la chemise moderne, seulement ouvert sur la poitrine, et porté par-dessus une tunique. Mais son vêtement de dessus était beaucoup plus court que celui de sa fille, et ne lui descendait qu'au bas des cuisses, comme le *kilt* (1) du montagnard écossais. Des espèces de bottes lui remontaient au-dessus du genou, et achevaient ainsi de couvrir toute sa personne. Une toque de peau de martre, garnie d'un médaillon en argent, était la seule partie de son costume qui montrât quelque ornement. Une large ceinture de peau de buffle qui lui serrait la taille était attachée par une boucle de cuivre.

Cependant la taille et les traits de celui qui portait des vêtemens si simples, où il n'entrait presque que la laine des moutons de ses montagnes et les dépouilles des animaux tués à la chasse, auraient commandé le respect partout où il se serait présenté, surtout dans ce siècle belliqueux où l'on jugeait des hommes d'après leur vigueur

---

(1) Jupon. — Ed.

apparente. Arnold Biederman avait la taille, les formes, les larges épaules et les muscles fortement prononcés d'un Hercule. Mais ceux qui dirigeaient principalement leur attention sur sa physionomie, voyaient dans ses traits pleins de sagacité, dans son front découvert, dans ses grands yeux bleus, et dans la résolution qu'ils exprimaient, quelque chose qui ressemblait davantage au roi des dieux et des hommes de la fable. Il était entouré de plusieurs de ses fils et de ses jeunes parens, au milieu desquels il marchait, et dont il recevait, comme un tribut légitime, les marques du respect et de l'obéissance qu'un troupeau de daims rend à celui qu'il reconnaît pour monarque.

Tandis qu'Arnold Biederman marchait à côté du vieux Philipson et s'entretenait avec lui, les jeunes gens semblaient examiner Arthur de très-près, et de temps en temps ils adressaient à Anne une question à demi-voix. Elle leur répondait brièvement et avec un ton d'impatience; mais ses réponses ne faisaient qu'exciter leur gaieté; ils s'y livraient sans contrainte, et le jeune Anglais ne pouvait s'empêcher de croire qu'ils riaient à ses dépens. Se sentir exposé à la dérision était un désagrément qui n'était nullement adouci par la réflexion que, dans une telle société, on traiterait probablement de même quiconque ne serait pas en état de marcher sur le bord d'un précipice d'un pas aussi ferme et aussi tranquille que s'il était dans les rues d'une ville. Être tourné en ridicule, quelque mal à propos que ce puisse être, paraît toujours fort triste; mais cette épreuve est encore plus pénible pour un jeune homme quand il y est soumis en présence de la beauté. Arthur trouvait pourtant quelque consolation à penser que les plaisanteries des jeunes gens ne paraissaient nullement goûtées par sa belle conductrice, qui, par son air et ses paroles, semblait leur reprocher leur manque de courtoisie; mais il craignait que ce fût uniquement par sentiment d'humanité.

—Elle doit aussi me mépriser, pensa-t-il, quoique la politesse, que ne connaissent pas ces rustres malappris, l'ait mise en état de cacher son mépris sous les dehors de la piété. Elle ne peut me juger que d'après ce qu'elle a vu; si elle me connaissait mieux (et cette pensée n'était pas sans fierté) elle m'accorderait peut-être un plus haut rang dans son estime.

En arrivant chez Arnold Biederman, les voyageurs entrèrent dans un appartement qui servait en même temps de salle à manger et de salon de réception, et où l'on avait fait tous les préparatifs pour un repas où régnaient en même temps l'abondance et la simplicité. Autour de cette salle étaient appendus aux murailles des armes pour la chasse et divers instrumens d'agriculture. Mais les yeux du vieux Philipson se fixèrent sur un corselet de cuir, une longue et lourde hallebarde, et un sabre à deux mains, qui semblaient placés comme une sorte de trophée. Tout à côté était un casque à visière, comme en portaient les chevaliers et les hommes d'armes; mais il avait été négligé, et au lieu d'être bien fourbi il était couvert de poussière. La guirlande d'or, en forme de couronne, qui y était entrelacée, quoique ternie par le temps, indiquait un rang distingué; et le cimier (c'était un vautour de l'espèce qui avait donné son nom au vieux château et à la montagne) fit naître diverses conjectures dans l'esprit du vieil Anglais; connaissant assez bien l'histoire de la révolution de la Suisse, il ne douta guère que cette portion d'armure ne fût un trophée de la guerre qui avait eu lieu jadis entre les habitans de ces montagnes et le seigneur féodal à qui elles avaient appartenu.

L'avertissement de se mettre à table dérangea le cours des réflexions du marchand anglais; et une compagnie nombreuse, composée indistinctement de tous ceux qui demeuraient sous le toit de Biederman, s'assit autour d'une table, au haut bout de laquelle était un plat de venaison de chamois; des plats abondans de chair de chèvre, de poisson, de fromage, et de laitage apprêté de différentes manières, composaient le reste du festin. Le Landamman fit les honneurs de sa table avec une hospitalité simple et franche, et engagea les étrangers à prouver par leur appétit qu'ils se trouvaient aussi bien reçus qu'ils le désiraient. Pendant le repas, il s'entretint avec le plus âgé de ses hôtes, pendant que les jeunes gens et les domestiques mangeaient modestement et en silence. Avant qu'on eût fini de dîner, on vit passer quelqu'un devant une grande fenêtre qui éclairait cet appartement, ce qui parut exciter un vive sensation parmi ceux qui s'en aperçurent.

— Qui vient de passer? demanda Biederman à ceux qui étaient assis en face de la croisée.

— C'est notre cousin Rodolphe de Donnerhugel, répondit un des fils d'Arnold avec empressement.

Cette nouvelle parut faire grand plaisir à tous les jeunes gens qui se trouvaient dans la salle, et surtout aux fils du Landamman. Le chef de la famille se contenta de dire d'une voix grave et calme : —Votre cousin est le bien-venu ; allez le lui dire, et faites-le entrer.

Deux ou trois de ses fils se levèrent aussitôt, comme jaloux de faire les honneurs de la maison à ce nouvel hôte, qui arriva quelques momens après. C'était un jeune homme de très-grande taille, bien fait, et ayant un air d'activité. Ses cheveux, tombant en boucles, étaient d'un brun foncé, et ses moustaches presque noires. Sa chevelure était si épaisse, que sa toque paraissait trop petite pour la couvrir, et il la portait de côté. Ses vêtemens étaient de la même forme et de la même coupe que ceux d'Arnold, mais d'un drap beaucoup plus fin, des fabriques d'Allemagne, et richement orné. Une de ses manches était d'un vert foncé, galonnée, et brodée en argent ; le reste de son habit était écarlate. La ceinture, qui serrait autour de sa taille son vêtement de dessus, servait aussi à soutenir un poignard dont le manche était en argent. Pour que rien ne manquât à l'élégance de son costume, il portait des bottes qui se terminaient par une longue pointe recourbée, suivant une mode du moyen âge. Une chaîne d'or suspendue à son cou soutenait un grand médaillon de même métal.

Ce jeune homme fut entouré à l'instant par tous les fils de Biederman, comme le modèle sur lequel la jeunesse suisse devait se former, et dont la démarche, la mise, les manières et les opinions devaient être adoptées par quiconque voulait suivre la mode du jour, sur laquelle il était reconnu qu'il régnait, et dont personne ne songeait à lui disputer l'empire.

Arthur Philipson crut pourtant remarquer que deux personnes de la compagnie accueillaient ce jeune homme avec des marques d'égard moins distinguées que celles que lui prodiguaient d'un commun accord tous les jeunes gens présens à son arrivée. Du moins ce ne fut pas avec beaucoup de chaleur qu'Arnold Biederman lui-même dit au jeune Bernois qu'il était le bien-venu; car tel était le pays de Rodolphe. Le jeune homme tira de son sein un paquet cacheté qu'il remit au Landamman avec de grandes démonstrations de respect; et il semblait attendre qu'Arnold, après en avoir rompu le cachet et lu le contenu, lui dît quelques mots à ce sujet; mais le patriarche se borna à l'inviter à s'asseoir, et à partager leur repas, et Rodolphe prit à côté d'Anne de Geierstein une place qu'un des fils d'Arnold s'empressa de lui céder avec politesse.

Il parut aussi au jeune observateur anglais que le nouveau venu était reçu avec une froideur marquée par cette jeune fille, à qui il semblait empressé de rendre ses hommages, près de laquelle il avait réussi à se placer à table, et à qui il paraissait songer à plaire plutôt qu'à faire honneur aux mets qu'on lui servait. Il vit Rodolphe lui dire quelques mots à demi-voix, en le regardant. Anne lui répondit très-brièvement, mais un des fils de Biederman qu'il avait pour voisin de l'autre côté, fut probablement plus communicatif, car les deux jeunes gens se mirent à rire; Anne parut déconcertée, et rougit de mécontentement.

— Si je tenais un de ces fils des montagnes, pensa le jeune Philipson, sur trois toises de gazon bien nivelé, s'il est possible de trouver en ce pays autant de terrain plat, je crois qu'au lieu de leur apprêter à rire, je pourrais leur en faire passer l'envie. Il est aussi étonnant de trouver ces rustres suffisans sous le même toit qu'une jeune fille si courtoise et si aimable, qu'il le serait de voir un de leurs ours velus danser un rigodon avec une jeune personne semblable à la fille de notre hôte. Au surplus qu'ai-je besoin de m'inquiéter plus que de raison de sa beauté et de leur savoir-vivre, puisque demain matin je dois les quitter pour ne jamais les revoir?

Pendant que ces réflexions se présentaient à l'esprit d'Arthur, le maître de la maison demanda du vin, invita les deux étrangers à lui faire raison, en envoyant à chacun d'eux une coupe de bois d'érable d'une taille remarquable, et il en fit porter une semblable à Rodolphe Donnerhugel. — Mais vous, cousin, lui dit-il, vous êtes habitué à un vin plus savoureux que celui qui est le produit des raisins à demi-mûrs de Geierstein. Le croirez-vous, monsieur? ajouta-t-il en s'adressant à Philipson, il y a des bourgeois à Berne qui tirent le vin qu'ils boivent, de France et d'Allemagne.

— Mon parent le désapprouve, dit Rodolphe; mais on n'a pas le bonheur d'avoir partout des vignobles tels que celui de Geierstein, qui produit tout ce que le cœur et les yeux peuvent désirer. En parlant ainsi, il jeta un coup d'œil sur sa belle voisine, qui eut l'air de ne pas comprendre ce compliment. Mais nos riches bourgeois, ajouta l'envoyé de Berne, ayant quelques écus de trop, ne croient pas commettre une extravagance en les échangeant pour du vin meilleur que celui que nos montagnes peuvent produire. Nous serons plus économes quand nous aurons à notre disposition des tonneaux de vin de Bourgogne qui ne nous coûteront que la peine de les transporter.

— Que voulez-vous dire par là, cousin Rodolphe? demanda Arnold Biederman.

— Il me semble, mon respectable parent, répondit le Bernois, que vos lettres doivent vous avoir appris que notre diète va probablement déclarer la guerre à la Bourgogne.

— Ah! s'écria Arnold, vous connaissez donc le contenu de mes lettres? C'est encore une preuve que les temps sont bien changés à Berne et dans notre diète. Depuis quand sont morts tous ces hommes d'État à cheveux gris, puisqu'elle appelle à ses conseils de jeunes gens dont la barbe n'est pas encore poussée?

— Le sénat de Berne et la diète de la confédération, répondit le jeune homme un peu confus, et voulant justifier ce qu'il avait avancé, permettent aux jeunes gens de connaître leurs résolutions, puisque ce sont eux qui doivent les exécuter. La tête qui réfléchit peut accorder sa confiance au bras qui frappe.

— Non pas avant que le moment de frapper soit arrivé, jeune homme, répliqua Arnold Biederman d'un ton austère. Quelle espèce de conseiller est celui qui parle indiscrètement d'affaires d'État devant des femmes et des étrangers? Allez, Rodolphe, et vous tous, jeunes gens, allez vous occuper des exercices qui conviennent à votre âge, afin d'apprendre ce qui peut être utile à votre patrie, au lieu de juger des mesures qu'elle croit devoir prendre. Cela ne s'adresse pas à vous, jeune homme, ajouta-t-il en regardant Arthur qui s'était levé, vous n'êtes pas habitué à voyager sur les montagnes, et vous avez besoin de repos.

— Non pas, monsieur, avec votre permission, dit le vieux Philipson. Nous pensons, en Angleterre, que, lorsqu'on est fatigué par un genre quelconque d'exercice, le meilleur moyen de se délasser est de se livrer à quelque autre; comme, par exemple, si l'on est las d'avoir marché, on se reposera mieux en montant à cheval, que si l'on se couchait sur un lit de duvet. Si vos jeunes gens le trouvent bon, mon fils partagera leurs exercices.

— Il trouvera en eux des compagnons un peu rudes, répondit l'Helvétien; mais cependant, comme il vous plaira.

Les jeunes gens sortirent de la maison, et se rendirent sur la pelouse qui était en face. Anne de Geierstein et quelques femmes de la maison s'assirent sur un banc, pour juger qui obtiendrait la supériorité; et les deux vieillards, restés tête à tête, entendirent bientôt le bruit, les acclamations et les éclats de rire des jeunes gens occupés de leurs jeux. Le maître de la maison reprit le flacon de vin, remplit la coupe de son hôte, et versa le reste dans la sienne.

— Digne étranger, dit-il, à l'âge où le sang se refroidit, et où les sensations sont plus difficilement émues, le vin pris avec modération ranime l'imagination, et rend aux membres de la souplesse. Cependant je voudrais presque que Noé n'eût jamais planté la vigne, quand je vois, depuis quelques années, mes concitoyens se gorger de vin comme les Allemands, au point de se rendre aussi incapables d'agir et de penser que de vils pourceaux.

— J'ai remarqué que ce vice devient plus commun dans votre pays, où j'ai entendu dire qu'il était totalement inconnu il y a un siècle.

— Il y était inconnu, parce qu'on y faisait très-peu de vin, et que jamais on n'y en importait d'aucun autre pays; car personne n'avait le moyen d'acheter ce que nos vallées ne produisent pas. Mais nos guerres et nos victoires nous ont acquis de la richesse comme de la renommée, et, suivant l'humble opinion d'un Suisse du moins, nous nous serions bien passés de l'une et de l'autre, si nous n'avions obtenu la liberté en même temps. Cependant c'est quelque chose que le commerce envoie quelquefois dans nos montagnes retirées un voyageur sensé, comme vous, mon digne hôte, que vos discours me font regarder comme un homme doué de sagacité et de discernement; car, quoique je ne voie pas avec plaisir ce goût toujours croissant pour les babioles et les colifichets que vous introduisez parmi nous, vous autres marchands, je reconnais pourtant que de simples montagnards comme nous puisent plus de connaissance du monde dans leurs entretiens avec des hommes semblables à vous, qu'il ne leur serait possible de s'en procurer par eux-mêmes. Vous allez à Bâle, dites-vous, et de là au camp du duc de Bourgogne?

— Oui, mon digne hôte; c'est-à-dire pourvu que je puisse faire ce voyage en sûreté.

— Et vous pourrez le faire sans aucun risque, mon digne ami, si vous voulez passer ici deux ou trois jours; car alors je dois faire moi-même ce voyage; et avec une escorte suffisante pour être à l'abri de tout danger. Vous trouverez en moi un guide aussi sûr que fidèle, et vous m'apprendrez sur les autres pays bien des choses dont il m'importe d'être mieux informé que je ne le suis. Est-ce un marché conclu?

— Cette proposition m'est trop avantageuse pour que je la refuse; mais puis-je vous demander le motif de votre voyage?

— Je viens de gronder ce jeune homme pour avoir parlé des affaires publiques sans réflexion et devant toute la famille; mais il est inutile de cacher à un homme prudent comme vous les nouvelles que je viens de recevoir et la cause de mon voyage; d'ailleurs le bruit public ne tarderait pas à vous en instruire. Vous avez sans doute entendu parler de la haine mutuelle qui existe entre Louis XI, roi de France, et Charles, duc de Bourgogne, qu'on surnomme le Téméraire. Ayant vu ces deux pays, comme votre conversation me l'a appris, vous connaissez sans doute les divers motifs d'intérêts différens, qui, indépendamment de la haine personnelle de ces deux souverains, en font des ennemis irréconciliables. Or, Louis, qui n'a pas son égal dans le monde entier pour l'adresse et l'astuce, emploie toute son influence, en distribuant de grandes sommes d'argent parmi quelques-uns des conseillers de nos voisins de Berne, en en versant d'autres dans la trésorerie même de cet État, en excitant la cupidité des vieillards, et en encourageant l'ardeur des jeunes gens, pour décider les Bernois à faire la guerre au duc. D'une autre part, Charles agit, à son ordinaire, précisément comme Louis le voudrait. Nos voisins et alliés de Berne ne se bornent pas, comme nous autres des Cantons des Forêts, à nourrir des bestiaux et à cultiver la terre; mais ils font un commerce considérable que le duc de Bourgogne a interrompu en bien des occasions par les exactions et les actes de violence de ses officiers dans les villes frontières, comme vous le savez certainement.

— Sans contredit. Leur conduite est généralement regardée comme vexatoire.

— Vous ne serez donc pas surpris que, sollicités par l'un de ces souverains, et mécontens de l'autre, fiers de nos victoires passées, et désirant augmenter encore notre pouvoir, Berne, et les Cantons des Villes, dont les représentans, d'après leur richesse supérieure et leur meilleure éducation, ont toujours plus de choses à dire à la diète de notre Confédération, que nous autres des Cantons des Forêts, soient portés à la guerre, dont le résultat a été jusqu'ici que la République a toujours obtenu des victoires, des richesses, et une augmentation de territoire.

— Oui, mon digne hôte, et dites aussi une nouvelle gloire, dit Philipson, l'interrompant avec quelque enthousiasme. Je ne suis pas étonné que les braves jeunes gens de vos cantons soient disposés à entreprendre de nouvelles guerres, puisque leurs victoires passées ont été si brillantes et ont fait tant de bruit.

— Vous n'êtes pas un marchand prudent, mon digne ami, si vous regardez le succès obtenu dans une entreprise téméraire comme un encouragement à un nouvel acte de témérité. Faisons un meilleur usage de nos victoires passées. Quand nous combattions pour notre liberté, Dieu a béni nos armes; mais en sera-t-il autant si nous combattons pour nous agrandir, ou pour l'or de la France?

— Vous avez raison d'en douter, répondit le marchand d'un ton plus rassis; mais supposez que vous tiriez l'épée pour mettre fin aux exactions vexatoires du duc de Bourgogne?

— Écoutez-moi, mon cher ami, il peut se faire que nous autres des Cantons des Forêts, nous fassions trop peu de cas de ces affaires de commerce qui excitent tellement l'attention des bourgeois de Berne. Cependant nous n'abandonnerons pas nos voisins et nos alliés dans une juste querelle, et il est presque arrangé qu'une députation sera envoyée au duc de Bourgogne pour obtenir réparation. La diète générale, actuellement assemblée à Berne, demande que je fasse partie de cette ambassade, et telle est la cause du voyage dans lequel je vous propose de m'accompagner.

— J'aurai beaucoup de satisfaction à voyager en votre compagnie, mon digne hôte; mais, sur ma foi, d'après votre port et votre taille, vous ressemblez à un porteur de défi, plutôt qu'à un messager de paix.

— Et je pourrais dire aussi, mon digne hôte, que vos

discours et vos sentimens paraissent sentir le glaive plus que l'aune.

— J'ai appris à manier le fer avant d'avoir pris l'aune en main, répondit Philipson en souriant, et il peut se faire que j'aie encore plus de goût pour mon ancien métier, que la prudence ne le permettrait.

— C'est ce que je pensais. Mais vous avez probablement combattu sous les bannières de votre pays, contre des étrangers, des ennemis de votre nation, et je conviendrai que la guerre en ce cas a quelque chose qui élève l'ame, et qui fait oublier les maux qu'elle inflige de part et d'autre à des êtres créés à l'image de Dieu. Mais la guerre à laquelle j'ai pris part n'avait pas cette noble cause : c'était la misérable guerre de Zurich, où des Suisses dirigeaient leurs piques contre le sein de leurs propres compatriotes ; où l'on demandait quartier et où on le refusait dans la même langue. Les souvenirs de vos guerres ne vous rappellent probablement pas de pareilles horreurs.

Le marchand baissa la tête sur sa poitrine, et porta une main à son front, comme un homme en qui les pensées les plus pénibles s'éveillaient tout à coup.

— Hélas! dit-il, je mérite de sentir la blessure que m'infligent vos paroles. Quelle nation peut connaître toute l'étendue des maux de l'Angleterre, sans les avoir éprouvés! Quels yeux peuvent les apprécier, sans avoir vu un pays divisé, déchiré par la querelle de deux factions acharnées, des batailles livrées dans chaque province, des plaines couvertes de morts, le sang coulant sur les échafauds! même dans vos vallées paisibles, vous avez dû entendre parler des guerres civiles de l'Angleterre?

— Je crois avoir entendu dire que l'Angleterre a perdu ses possessions en France pendant des années de guerres intestines et sanglantes pour la couleur d'une rose, n'est-ce pas cela? mais elles sont terminées.

— Quant à présent, à ce qu'il paraît, répondit Philipson.

Tandis qu'il parlait, on frappa à la porte. — Entrez, dit le maître de la maison; et Anne de Geierstein se présenta avec l'air de respect que, dans ces contrées pastorales, les jeunes personnes savent qu'elles doivent aux vieillards.

CHAPITRE IV.

> « Sa main tenait cet arc qu'il connaissait si bien.
> « Il le tourne en tous sens, avec soin l'examine,
> » Tandis qu'à ses dépens plus d'un railleur badine.
> « — Comme il tourne cet arc ! — Sans doute ailleurs qu'ici
> « Il en a vu quelqu'un pareil à celui-ci,
> « — Ou peut-être il en vend, — ou bien il en fabrique,
> « — Ou veut-il le voler ? »
>
> Homère.

La belle Anne s'approcha avec l'air à demi timide et à demi important qui sied si bien à une jeune maîtresse de maison, quand elle est en même temps fière et honteuse des devoirs graves qu'elle a à remplir, et elle dit quelques mots à l'oreille de son oncle.

— Et ces cerveaux éventés ne pouvaient-ils faire leur commission eux-mêmes ? Que veulent-ils donc, puisqu'ils n'osent le demander et qu'ils vous envoient à leur place? Si c'eût été quelque chose de raisonnable, j'aurais entendu quatre voix me le corner aux oreilles, tant nos jeunes Suisses sont modestes aujourd'hui. Anne se baissa de nouveau et lui dit encore quelques mots à demi-voix, tandis qu'il passait la main avec un air d'affection sur ses cheveux bouclés.

— L'arc de Buttisholz, ma chère! s'écria-t-il; à coup sûr ils ne sont pas devenus plus robustes que l'année dernière; aucun d'eux n'a été en état de le tendre. Au surplus, le voilà suspendu à la muraille avec ses trois flèches. Et quel est le sage champion qui veut essayer ce qu'il ne pourra exécuter?

— C'est le jeune étranger, mon oncle; ne pouvant le disputer à mes cousins à la course, au saut, au palet et au jet de la barre, il les a défiés à la course à cheval, et au long arc anglais.

— La course à cheval serait difficile dans un endroit où il n'y a pas de chevaux, et où, quand il y en aurait, il ne se trouve pas de terrain convenable pour une course. Mais il y aura un arc anglais, puisque nous en avons un. Portez-le à ces jeunes gens avec ces trois flèches, ma nièce, et dites-leur de ma part que celui qui le tendra, fera plus que Guillaume Tell et le renommé Stauffacher n'auraient pu faire.

Tandis qu'Anne détachait l'arc suspendu à la muraille au milieu d'un faisceau d'armes que Philipson avait déjà remarqué, le marchand anglais dit à son hôte que si les ménestrels de son pays assignaient une occupation semblable à une si charmante fille, ce ne serait que pour lui faire porter l'arc du petit dieu aveugle Cupidon.

— Laissons là le dieu aveugle Cupidon, dit Arnold avec vivacité, quoique souriant à demi en même temps. Nous avons été étourdis des sottises des ménestrels et des *minnesingers* (1), depuis que ces vagabonds ont appris qu'ils pouvaient recueillir quelques sous parmi nous. Une fille de la Suisse ne doit chanter que les ballades d'Alber Ischudi, ou le joyeux lai de la sortie des vaches pour se rendre sur les pâturages des montagnes, et celui de leur retour dans l'étable (2).

Tandis qu'il parlait, Anne avait pris parmi les armes un arc d'une force extraordinaire, de plus de six pieds de longueur, et trois flèches de plus de trois pieds. Philipson demanda à voir ces armes, et les examina avec soin. — C'est un excellent bois d'if, dit-il, et je dois m'y connaître, car j'en ai manié plus d'un semblable de mon temps. A l'âge d'Arthur, j'aurais bandé cet arc aussi aisément qu'un enfant courbe une branche de saule.

— Nous sommes trop vieux pour nous vanter comme des jeunes gens, dit Arnold Biederman à son compagnon en le regardant d'un air qui semblait lui reprocher trop de jactance. Portez cet arc à vos cousins, Anne, et dites-leur que celui qui pourra le courber aura battu Arnold Biederman. En parlant ainsi, il jeta les yeux sur le corps maigre mais nerveux du vieil Anglais, et les porta ensuite sur ses membres robustes.

— Il faut vous souvenir, mon cher hôte, dit Philipson, que le maniement des armes dépend moins de la

---

(1) Ménestrels allemands.. — Tr.
(2) Connu sous le nom de ranz des vaches. — Tr.

force que de l'adresse et de la légèreté des mains. Ce qui m'étonne le plus, c'est de voir ici un arc fait par Mathieu de Doncaster, qui vivait il y a au moins cent ans, ouvrier célèbre par la dureté du bois qu'il employait, et par la force des armes qu'il fabriquait; un archer anglais aujourd'hui est même à peine en état de manier un arc de Mathieu de Doncaster.

— Comment êtes-vous assuré du nom du fabricant?

— Par la marque qu'il mettait à toutes ses armes, et par les lettres initiales de ses noms que j'ai vues gravées sur cet arc. Je ne suis pas peu surpris de trouver ici une telle arme et si bien conservée.

— L'arc a été régulièrement ciré, huilé, et tenu en bon état, parce qu'on le conserve comme trophée d'une victoire mémorable. Vous ne seriez pas charmé d'entendre l'histoire de cette journée, car elle a été fatale à votre pays.

— Mon pays, dit l'Anglais avec un air calme, a remporté tant de victoires, que ses enfans peuvent sans rougir entendre parler d'une défaite. Mais j'ignorais que les Anglais eussent jamais fait la guerre en Suisse.

— Non pas précisément comme nation, mais, du temps de mon grand-père, il arriva qu'un corps nombreux de soldats, composés d'hommes de presque tous les pays, et principalement d'Anglais, de Normands et de Gascons, se répandit dans l'Argovie et dans les districts voisins. Ils avaient pour chef un guerrier célèbre nommé Enguerrand de Couci, qui prétendait avoir quelques réclamations à faire contre le duc d'Autriche, et qui, pour les faire valoir, ravagea indifféremment le territoire autrichien et celui de notre Confédération. Ses soldats étaient des bandes mercenaires. Ils prenaient le nom de Compagnies Franches, semblaient n'appartenir à aucun pays, et montraient autant de bravoure dans les combats que de cruauté dans leurs déprédations. Un intervalle survenu dans les guerres constantes entre la France et l'Angleterre avait laissé sans occupation une grande partie de ces bandes, et la guerre étant leur exercice habituel, ils l'apportèrent dans nos vallées. L'air semblait en feu par l'éclat de leurs armures, et le soleil était obscurci par le nombre de flèches qu'ils décochaient. Ils nous firent beaucoup de mal, et nous perdîmes plus d'une bataille; mais enfin nous les rencontrâmes à Buttisholz, et le sang de bien des cavaliers nobles, comme on le disait, se mêla à celui de leurs chevaux. Le monticule qui couvre les ossemens des guerriers et des coursiers se nomme encore la *Sépulture des Anglais*.

Philipson garda le silence une minute ou deux, et répondit ensuite : — Qu'ils reposent en paix! S'ils ont eu un tort, ils l'ont payé de leur vie, et c'est toute la rançon qu'on puisse exiger d'un mortel, pour ses fautes. Que le ciel leur pardonne!

— *Amen!* dit le Landamman, ainsi qu'à tous les hommes braves. Mon aïeul était à cette bataille, il passa pour s'y être comporté en bon soldat; et cet arc a été conservé avec soin depuis ce temps dans notre famille. Il y a une prophétie à ce sujet, mais je ne crois pas qu'elle mérite qu'on en parle.

Philipson allait en demander davantage, mais il fut

interrompu par un grand cri de surprise qui partit du dehors.

— Il faut que j'aille voir ce que font ces jeunes étourdis, dit Arnold. Autrefois les jeunes gens de ce pays n'osaient prononcer sur rien avant que la voix du vieillard se fût fait entendre; mais ce n'est plus la même chose aujourd'hui.

Il sortit de la maison, suivi de son hôte. Tous ceux qui avaient été témoins des jeux des jeunes gens, parlaient, criaient et se disputaient en même temps, tandis qu'Arthur Philipson était à quelque pas des autres, appuyé sur l'arc détendu avec un air d'indifférence. A la vue du Landamman, le silence se rétablit.

— Que veulent dire ces clameurs inusitées? dit-il, faisant entendre une voix que chacun était habitué à écouter avec respect. Rudiger, ajouta-t-il en s'adressant à l'aîné de ses fils, le jeune étranger a-t-il bandé l'arc?

— Oui, mon père, oui, répondit Rudiger, et il a atteint le but. Jamais Guillaume Tell n'a tiré trois coups d'arc semblables.

— Hasard, pur hasard! s'écria le jeune Suisse venu de Berne. Nul pouvoir humain n'aurait pu en venir à bout; comment donc aurait pu le faire un faible jeune homme qui n'a réussi dans rien de ce qu'il a essayé avec nous?

— Mais qu'a-t-il fait? demanda le Landamman. — Ne parlez pas tous à la fois! Anne de Geierstein, vous avez plus de bon sens et de raison que ces jeunes gens, dites-moi ce qui est arrivé.

La jeune fille parut un peu confuse, elle baissa les yeux, et cependant elle répondit avec calme :

— Le but était, suivant l'usage, un pigeon attaché à une perche. Tous les jeunes gens, à l'exception de l'étranger, avaient tiré sur l'oiseau, à l'arc et à l'arbalète, sans le toucher. Lorsque j'apportai l'arc de Buttisholz, je l'offris d'abord à mes cousins, mais aucun d'eux ne voulut le prendre, et ils dirent tous que ce que vous n'aviez pu faire était certainement une tâche au-dessus de leurs forces.

— C'est bien parler; mais l'étranger a-t-il bandé l'arc ?

— Oui, mon oncle, mais d'abord il a écrit quelque chose sur un morceau de papier qu'il m'a mis dans la main.

— Et il a bandé l'arc et touché le but?

— D'abord il a placé la perche à cinquante toises plus loin.

— Chose singulière! c'est le double de la distance.

— Alors il a bandé l'arc, et décoché l'une après l'autre, avec une rapidité incroyable, les trois flèches qu'il avait passées dans sa ceinture. La première fendit la perche, la seconde rompit le lien, la troisième tua le pauvre pigeon qui prenait son vol dans les airs.

— Par sainte Marie d'Einsiedlen! dit le Landamman avec l'air de la plus grande surprise, si vos yeux ont vu tout cela, ils ont vu ce qu'on ne vit jamais dans les Cantons des Forêts.

— Je réponds à cela, s'écria Rodolphe Donnerbugel, dont le dépit était évident, que ce n'est que l'effet du hasard, si ce n'est une illusion et de la sorcellerie.

— Et vous, Arthur, dit Philipson en souriant, qu'en dites-vous? votre succès est-il dû au hasard ou à l'adresse?

— Je n'ai pas besoin de vous dire, mon père, que je n'ai fait qu'une chose fort ordinaire pour un archer anglais, et je ne parle pas pour satisfaire ce jeune homme ignorant et orgueilleux; mais je réponds à notre digne hôte et à sa famille. Ce jeune homme m'accuse d'avoir fait illusion aux yeux, ou d'avoir atteint le but par hasard. Quant à l'illusion, voilà la perche fendue, le lien brisé, l'oiseau percé; on peut les voir et les toucher. Ensuite si l'aimable Anne de Geierstein veut lire le papier que je lui ai remis, elle pourra vous assurer qu'avant même de bander l'arc, j'avais désigné les trois buts que je me proposais de toucher.

— Montrez-moi ce papier, ma nièce, dit Biederman, cela mettra fin à la controverse.

— Avec votre permission, mon bon hôte, dit Arthur, ce ne sont que quelques mauvais vers, qui ne peuvent trouver grace qu'aux yeux d'une dame.

— Et avec votre permission, Monsieur, dit le Landamman, ce qui peut tomber sous les yeux de ma nièce, peut aussi me passer par les oreilles.

Il prit le papier qu'Anne lui remit en rougissant. L'écriture en était si belle que le Landamman surpris s'écria:

— Nul clerc de Saint-Gall n'aurait pu mieux écrire! il est étrange qu'une main capable de tirer de l'arc avec tant d'adresse puisse aussi tracer de pareils caractères. Ah! oui vraiment, des vers, par Notre-Dame! Quoi!

avons-nous ici des ménestrels déguisés en marchands?
Et il lut ce qui suit :

> « Si j'atteins tour à tour perche, lien, oiseau,
> L'archer n'aura-t-il pas accompli sa promesse?
> Mais un seul trait, partant d'un œil si beau,
> Ferait plus que ma triple adresse. »

— Voilà des vers précieux, mon jeune hôte, dit le Landamman en secouant la tête ; d'excellens vers pour faire tourner la tête à de jeunes folles. Mais ne cherchez pas à vous excuser ; c'est la mode de votre pays, et ici nous savons quel cas en faire. Et sans faire aucune autre allusion aux deux derniers vers, dont la lecture avait déconcerté le poète aussi-bien que la belle qui en était l'objet, il ajouta d'un ton grave : — Maintenant, Rodolphe Donnerhugel, vous devez convenir que l'étranger se proposait réellement d'atteindre les trois buts qu'il a touchés.

— Il est évident qu'il les a touchés, répondit le jeune Bernois ; mais quel moyen a-t-il employé pour cela, c'est ce qui me paraît douteux, s'il est vrai qu'il existe dans le monde de la sorcellerie et de la magie.

— Fi ! Rodolphe, fi ! s'écria le Landamman ; est-il possible que le dépit et l'envie puissent exercer quelque influence sur un homme aussi brave que vous, qui devriez donner à mes fils des leçons de modération, de prudence et de justice, comme de courage et de dextérité.

Cette réprimande fit rougir le Bernois, et il n'essaya pas d'y répondre.

— Continuez vos jeux jusqu'au coucher du soleil, mes enfans, ajouta Biederman ; pendant ce temps, mon digne ami et moi, nous ferons une promenade, car la soirée y est favorable maintenant.

— Il me semble, dit le marchand anglais, que je serais charmé d'aller voir les ruines de ce vieux château situé près de la chute d'eau. Une pareille scène a une dignité mélancolique qui nous fait supporter les malheurs du temps où nous vivons, en nous prouvant que nos ancêtres, qui étaient peut-être plus intelligens ou plus puissans, ont aussi éprouvé des soucis et des chagrins semblables à ceux qui nous font gémir.

— Volontiers, mon digne ami, lui répondit son hôte, et, chemin faisant, nous aurons le temps de nous entretenir de choses dont il est bon que je vous parle.

Les pas lents des deux vieillards les éloignèrent peu à peu de la pelouse, où une gaieté bruyante ne tarda pas à renaître. Le jeune Philipson, content du succès qu'il devait à son arc, oublia qu'il n'en avait pas obtenu autant dans les exercices du pays ; il fit de nouveaux efforts pour y mieux réussir, et il obtint des applaudissemens. Les jeunes gens, qui avaient été disposés à le tourner en ridicule, commencèrent à le regarder comme un homme méritant d'être respecté, et pouvant servir de modèle, tandis que Rodolphe Donnerhugel voyait avec ressentiment qu'il n'était plus sans rival dans l'opinion de ses cousins, ni peut-être même dans celle de sa cousine. Le jeune Suisse orgueilleux réfléchit avec amertume qu'il avait encouru le mécontentement du Landamman, qu'il ne jouissait plus de la même réputation auprès de ses compagnons, qui l'avaient toujours pris pour exemple, et ce qui ajoutait à sa mortification, ce qui gonflait son cœur de courroux, c'était la pensée qu'il le devait à un jeune étranger, sans nom, sans renommée, qui n'osait s'avancer d'un rocher à un autre sans y être encouragé par une jeune fille.

Dans cet état d'irritation, il s'approcha du jeune Anglais, et tandis qu'il lui parlait tout haut de quelques circonstances relatives aux amusemens dont on continuait à s'occuper, il lui tenait à voix basse des propos d'un genre tout différent. Frappant sur l'épaule d'Arthur avec un air de franchise montagnarde, il lui dit à haute voix :

— Ce trait d'Ernest a fendu l'air avec la rapidité d'un faucon qui fond sur sa proie; et il ajouta en baissant la voix : — Vous autres marchands, vous vendez des gants, trafiquez-vous aussi en gantelets? en vendez-vous un seul, ou faut-il acheter la paire?

— Je ne vends pas de gant seul, répondit Arthur le comprenant sur-le-champ, et assez piqué lui-même des regards dédaigneux que le jeune Bernois avait jetés sur lui pendant le dîner, et de l'insolence avec laquelle il avait attribué au hasard ou à la sorcellerie le succès qu'il avait obtenu en tirant de l'arc; je ne vends pas de gant seul, Monsieur, mais je ne refuse jamais d'en échanger un.

— Je vois que vous m'entendez, reprit Rodolphe; mais regardez les joueurs pendant que je vous parle, sans quoi ils se douteront de l'objet de notre entretien...

Vous avez l'intelligence plus ouverte que je ne m'y attendais. Mais si nous échangeons nos gants, comment chacun de nous redemandera-t-il le sien?

— A la pointe de sa bonne épée.

— Avec une armure, ou comme nous sommes?

— Comme nous sommes. Je ne prendrai ni armure, ni aucune autre arme que mon épée, et je crois qu'elle me suffira. Nommez le lieu et l'heure.

— Le lieu sera la cour du vieux château de Geierstein. — L'heure, demain matin au lever du soleil. — Mais on nous examine. — J'ai perdu ma gageure, ajouta Rodolphe en parlant plus haut avec un ton d'indifférence, car Ulrick a jeté la barre plus loin qu'Ernest. Voici mon gant, en signe que je n'oublierai pas le flacon de vin.

— Et voici le mien, en signe que je le boirai volontiers avec vous.

Ce fut ainsi, au milieu des amusemens paisibles, quoique bruyans, de leurs compagnons, que ces deux jeunes gens à tête ardente se livrèrent en secret à leur animosité, en se donnant un rendez-vous dans des intentions hostiles.

CHAPITRE V.

> — « J'étais un de ces gens
> « Qui n'aiment que les bois, et les prés, et les champs;
> « Du simple villageois le costume et la vie;
> « Sa demeure rustique à l'abri de l'envie,
> « Où l'on trouve la paix et le contentement
> « Que les palais dorés offrent si rarement.
> « Croyez-moi, ce n'est point une coupe d'érable
> « Qu'on choisit pour servir le poison sur la table. »
>
> ANONYME.

Laissant les jeunes gens occupés de leurs amusemens, le Landamman d'Underwald et Philipson s'avançaient vers le but de leur promenade en causant principalement des relations politiques de la France, de l'Angleterre et de la Bourgogne. Leur conversation changea d'objet quand ils entrèrent dans la cour du vieux château de Geierstein, où s'élevait la tour solitaire et démantelée, entourée des ruines des autres bâtimens.

— Cette habitation a dû être, dans son temps, d'une force remarquable, dit Philipson.

— Et la race qui l'occupait était fière et puissante répondit Arnold ; l'histoire des comtes de Geierstein remonte jusqu'aux temps des anciens Helvétiens ; et l'on dit que leurs exploits ne démentaient pas leur noblesse. Mais toute grandeur terrestre a sa fin. Des hommes libres foulent aux pieds aujourd'hui les ruines de ce château féodal, à la vue duquel les serfs étaient obligés d'ôter leurs bonnets, d'aussi loin qu'ils en apercevaient les tourelles, à peine d'être punis comme des rebelles insolens.

— Je remarque gravé sur une des pierres de cette tourelle, ce que je regarde comme le cimier de cette famille, un vautour perché sur un rocher, expression symbolique, si je ne me trompe, du nom de Geierstein.

— Oui, c'est l'ancienne devise de cette famille, et, comme vous le dites, elle exprime le nom du château, qui est le même que celui des chevaliers qui l'ont si long-temps occupé.

— J'ai remarqué aussi, dans la salle où nous avons dîné, un casque surmonté du même cimier. C'est sans doute un trophée d'une victoire remportée par les paysans suisses sur les nobles seigneurs de Geierstein, comme on conserve l'arc anglais en souvenir de la bataille de Buttisholz?

— Et je m'aperçois, mon cher monsieur, que, d'après

les préjugés de votre éducation, vous ne verriez pas de meilleur œil cette seconde victoire que la première. Il est bien étrange que le respect pour le rang soit tellement enraciné dans l'esprit même de ceux qui n'ont pas le droit d'y prétendre. — Mais éclaircissez votre front, mon digne hôte, et soyez assuré que quoique plus d'un château appartenant à un orgueilleux baron ait été pillé et détruit par la juste vengeance du peuple, quand la Suisse secoua le joug de l'esclavage féodal, tel ne fut pas le sort de Geierstein. Le sang des anciens propriétaires de ce domaine coule encore dans les veines de celui qui en occupe les terres.

— Que voulez-vous dire, sire Landamman? n'est-ce pas vous-même qui les occupez?

— Et vous croyez probablement que, parce que je vis comme les autres bergers de ce pays, que je porte une étoffe grise dont la laine a été filée chez moi, et que je conduis moi-même ma charrue, je ne puis descendre d'une ligne d'anciens nobles? On trouve en Suisse un grand nombre de paysans de noble race, sire marchand, et il n'existe pas de noblesse plus ancienne que celle dont on rencontre encore des restes dans mon pays natal. Mais les nobles ont volontairement renoncé à tout ce qu'il y avait d'oppressif dans leur pouvoir féodal; ils ne sont plus regardés comme des loups au milieu du troupeau, mais comme des chiens fidèles qui veillent sur lui en temps de paix, et qui sont prêts à le défendre quand il est menacé d'une attaque.

— Mais, dit le marchand, qui ne pouvait encore s'habituer à l'idée que son hôte, en qui il ne voyait rien qui le distinguât d'un simple paysan, fût un homme de haute naissance, vous ne portez pas le nom de vos ancêtres, mon digne hôte. Ils étaient, dites-vous, comtes de Geierstein, et vous êtes...

— Arnold Biederman, à votre service : mais sachez, si cela peut vous faire plaisir, et présenter à vos yeux plus de dignité, que je n'ai besoin que de mettre sur ma tête le vieux casque que vous avez vu, ou, sans prendre tant de peine, d'attacher à ma toque une plume de faucon, pour pouvoir m'appeler Arnold, comte de Geierstein, sans que personne puisse me donner un démenti. Cependant, conviendrait-il que Monseigneur le Comte conduisît ses bestiaux dans leurs pâturages, et Son Excellence le haut et le puissant seigneur de Geierstein pourrait-il, sans déroger, ensemencer ses champs et faire sa récolte? ce sont des questions qu'il faudrait décider au préalable... Je vois que vous êtes étonné de me trouver si dégénéré, mais je vous aurai bientôt expliqué la situation de ma famille.

Mes hauts et puissans ancêtres gouvernaient ce domaine de Geierstein, qui, de leur temps, était fort étendu, à peu près comme les autres barons féodaux; c'est-à-dire qu'ils se montraient quelquefois les protecteurs et les défenseurs de leurs vassaux, et plus souvent ils en étaient les oppresseurs. Mais du temps de mon aïeul, Henry, de Geierstein, non-seulement il se joignit aux confédérés pour repousser Enguerrand de Couci et ses maraudeurs, comme je vous l'ai déjà dit, mais lorsque la guerre contre l'Autriche se renouvela, et qu'un grand nombre de nobles joignirent l'armée de l'empereur Léopold, il prit le parti opposé, combattit dans les premiers rangs de la Confédération, et contribua par sa valeur et son expérience au gain de la bataille décisive de Sempach, dans laquelle Léopold perdit la vie, et où la fleur de la chevalerie autrichienne tomba autour de lui. Mon père, le comte Williewald, suivit la même conduite, tant par inclination que par politique. Il s'unit étroitement avec l'État d'Underwald, et se distingua tellement qu'il fut élu Landamman de la république. Il eut deux fils, dont je suis l'aîné, et le second se nomme Albert. Se trouvant, à ce qu'il lui semblait, investi, en quelque sorte, d'un double caractère, il désirait, peut-être peu sagement, s'il m'est permis de blâmer les desseins d'un père qui n'existe plus, qu'un de ses fils lui succédât dans sa seigneurie de Geierstein, et que l'autre occupât le rang moins brillant, quoique à mon avis non moins honorable, de citoyen libre d'Underwald, et possédât, parmi ses égaux dans le Canton, l'influence acquise par les services de son père, et par ceux qu'il pourrait rendre lui-même. Albert n'avait que douze ans, quand mon père nous fit faire avec lui un court voyage en Allemagne, où le cérémonial, la pompe et la magnificence que nous vîmes, produisirent une impression toute différente sur l'esprit de mon frère et sur le mien. Ce qui parut à Albert le comble de la splendeur terrestre n'offrit à mes yeux qu'un étalage fastidieux de formalités fatigantes et inutiles. Quand notre père nous expliqua ensuite ses intentions, il me destina, comme étant son fils aîné, le domaine considérable de Geierstein, en exceptant seulement une portion des terres les plus fertiles suffisante pour rendre mon frère un des citoyens les plus opulens d'un pays où l'on croit être riche quand on a de quoi vivre honorablement. Les larmes coulèrent des yeux d'Albert. — Faut-il donc, s'écria-t-il, que mon frère soit un noble comte, respecté de ses vassaux, ayant une suite nombreuse, et que je vive en misérable paysan au milieu des bergers à barbe grise d'Underwald! Non, mon père, je respecte votre volonté, mais je ne ferai pas le sacrifice de mes privilèges. Geierstein est un fief qui relève de l'Empire, et les lois me donnent droit à une part égale dans ce domaine. Si mon frère est comte de Geierstein, je n'en suis pas moins le comte Albert de Geierstein, et j'en appellerai à l'Empereur, plutôt que de souffrir que la volonté d'un de mes aïeux, quoique ce soit mon père, me prive du rang et des privilèges que cent ancêtres m'ont transmis. Mon père fut grandement courroucé. — Allez, jeune orgueilleux, lui dit-il, invoquez la décision d'un prince étranger contre le bon plaisir de votre père; donnez à l'ennemi de votre pays un prétexte pour intervenir dans ses affaires intérieures; allez, mais ne vous présentez jamais devant moi, et craignez ma malédiction éternelle.

Albert allait répondre avec violence, quand je le conjurai de se taire, et de me laisser parler. — J'ai toujours préféré les montagnes aux plaines, dis-je alors à mon père; l'exercice du cheval me plaît moins que la marche; je suis plus fier de disputer à nos bergers le prix de leurs jeux, que je ne le serais d'entrer en lice avec des nobles; une danse dans notre village me fait plus de plaisir que toutes les fêtes brillantes d'Allemagne; si vous voulez m'épargner mille soucis, permettez donc que je sois citoyen de la république d'Underwald, et que mon frère porte la couronne de comte de Geierstein, et jouisse de tous les honneurs attachés à ce rang.

Après quelque discussion, mon père consentit enfin à ma proposition, afin d'exécuter le projet qu'il avait à cœur. Mon frère fut déclaré héritier de son rang et de son domaine, sous le titre d'Albert, comte de Geierstein ; je fus mis en possession de ces champs et de ces prés fertiles au milieu desquels ma maison est située, et mes voisins m'appellent Arnold Biederman.

— Et si le mot Biederman signifie, comme je le crois, un homme plein d'honneur, de franchise et de générosité, dit le marchand, je ne connais personne qui ait plus de droits que vous à le porter. Cependant je dois vous avouer que je donne des éloges à une conduite que je n'aurais pas eu la force d'imiter si j'avais été à votre place ; mais continuez, je vous prie, l'histoire de votre famille, si le récit ne vous en est pas pénible.

— J'ai peu de chose à y ajouter. Mon père mourut peu de temps après avoir réglé, comme je viens de vous l'expliquer, les affaires de sa succession. Mon frère avait d'autres possessions en Souabe et en Westphalie ; il vint rarement dans le château de ses ancêtres, où résidait un sénéchal, homme qui se rendit si odieux aux vassaux de ma famille, que si mon voisinage n'avait été sa protection, on l'aurait arraché à son nid de vautour, et on l'aurait traité avec aussi peu de cérémonie que s'il eût été lui-même un de ces oiseaux. Pour dire même la vérité, les visites que mon frère faisait de loin en loin à

Geierstein ne procuraient pas beaucoup de soulagement à ses vassaux, et ne lui acquéraient guère de popularité parmi eux. Il ne voyait et n'entendait que par les yeux et les oreilles de son sénéchal aussi intéressé que cruel, Ital Schreckenwald. Refusant même d'écouter, ou mes avis, ou mes représentations, il se conduisait toujours envers moi avec un air d'effection, mais je crois véritablement qu'il me regardait comme un pauvre rustre, sans énergie, sans noblesse d'ame, qui avait déshonoré sa haute naissance pour se livrer à de vils penchans. En toute occasion, il affichait du mépris pour les préjugés de ses concitoyens, et particulièrement en portant constamment en public une plume de paon, et en obligeant tous les gens de sa suite à en faire autant, quoique ce fût l'emblème de la maison d'Autriche, emblème si détesté en ce pays, que plus d'un homme y a perdu la vie sans autre motif que de l'avoir porté. Cependant j'avais épousé Berthe, qui est maintenant une sainte dans le ciel, et j'en avais eu six garçons, dont cinq étaient assis à ma table aujourd'hui. Albert se maria aussi, et il épousa une dame de haut rang en Westphalie; mais son lit nuptial ne fut pas aussi fécond, il n'eut jamais qu'une seule fille, Anne de Geierstein. Vint alors la guerre entre la ville de Zurich et les Cantons des Forêts, dans laquelle on répandit tant de sang, et où nos frères de Zurich furent assez malavisés pour faire alliance avec l'Autriche. L'Empereur fit les plus grands efforts pour profiter de l'occasion favorable que lui offrait la désunion des Suisses, et engagea tous ceux sur qui il avait de l'influence à le seconder. Il ne réussit que trop bien auprès de mon frère. Non-seulement Albert prit les armes pour l'Empereur, mais il reçut dans la forteresse de Geierstein une troupe de soldats autrichiens, à l'aide desquels le détestable Ital Schreckenwald dévasta tous les environs, à l'exception de mon petit patrimoine.

— C'était une circonstance bien pénible pour vous, mon digne hôte, car vous étiez obligé de prendre parti pour votre pays ou pour votre frère.

— Je n'hésitai pas. Mon frère était dans l'armée de l'Empereur, et par conséquent je n'étais pas réduit à la nécessité de me trouver les armes à la main en face de lui : mais je fis la guerre aux brigands et aux scélérats dont Schreckenwald avait rempli le château de mon père. La fortune ne m'y fut pas toujours favorable. Le sénéchal, en mon absence, brûla ma maison, et tua le plus jeune de mes fils, qui défendait l'habitation paternelle. Mes terres furent dévastées, tous mes troupeaux détruits ; mais enfin, à l'aide d'un corps de paysans d'Underwald, je pris d'assaut le château de Geierstein. La Confédération m'en offrit la propriété, mais je ne voulais pas souiller la cause pour laquelle j'avais pris les armes, en m'enrichissant aux dépens de mon frère ; et d'ailleurs, demeurer dans une pareille forteresse aurait été une pénitence pour un homme dont la maison, depuis tant d'années, n'avait eu d'autre défense qu'un loquet, d'autre garnison qu'un chien de berger. Je refusai donc cette offre ; le château fut démantelé, comme vous le voyez, par ordre du Canton ; et je crois même, lorsque je réfléchis à l'usage auquel il avait servi trop souvent, que je vois avec plus de plaisir les ruines de Geierstein, que je ne voyais ce château quand il était bien fortifié, et qu'il semblait imprenable.

— Je comprends et j'honore vos sentimens; mais, je le répète, ma vertu n'aurait peut-être pu s'éloigner tellement du cercle de mes affections de famille. Et que dit votre frère de votre conduite patriotique?

— Il fut, à ce que j'appris, cruellement courroucé, croyant sans doute que j'avais pris son château dans la vue de m'approprier ses dépouilles. Il jura même qu'il renonçait à me considérer comme un frère; qu'il me chercherait dans les batailles, et que je périrais de sa propre main. Nous étions tous deux à celle de Freyenbach; mais il ne put exécuter un projet inspiré par la vengeance, car il fut blessé par une flèche au commencement de l'action, et l'on fut obligé de l'emporter hors de la mêlée. J'assistai ensuite au sanglant et triste combat de Mont-Herzel, et à l'affaire de la Chapelle de Saint-Jacob qui mit à la raison nos frères de Zurich, et qui réduisit encore une fois l'Autriche à faire la paix avec nous. Après cette guerre de treize ans, la diète rendit une sentence de bannissement à vie contre mon frère Albert, et tous ses biens auraient été confisqués, sans les égards qu'on crut devoir à mes services. Quand cette sentence fut signifiée au comte de Geierstein, il y répondit avec un air de bravade; mais une circonstance singulière prouva, il n'y a pas long-temps, qu'il conservait de l'attachement pour son pays, et que, malgré son ressentiment contre moi, il rendait justice à l'affection véritable que j'ai pour lui.

— Je garantirais sur mon crédit de marchand, que ce qui va suivre a rapport à cette charmante fille, votre nièce.

—Vous ne vous trompez pas. Depuis quelque temps, nous avions appris, quoique sans beaucoup de détails, car, comme vous ne l'ignorez pas, nous avons peu de communications avec les pays étrangers, que mon frère était en grande faveur à la cour de l'Empereur; mais nous sûmes ensuite que tout récemment il y était devenu suspect; et que, par suite d'une de ces révolutions si communes dans les cours des princes, il en avait été exilé. Peu de temps après cette nouvelle, et il y a, je crois, à présent plus de sept ans, je revenais de chasser de l'autre côté de la rivière, et ayant passé sur les pierres qui nous servent de pont, je traversais la cour de l'ancien château pour rentrer chez moi, lorsque j'entendis une voix me dire en allemand :

— Mon oncle, ayez compassion de moi! Je me retournai, et je vis sortir du milieu des ruines une petite fille d'environ dix ans, qui m'aborda d'un air timide, se jeta à mes pieds, et me dit : — Mon oncle, épargnez ma vie, en levant ses petites mains, comme pour implorer ma pitié, tandis qu'une terreur mortelle était peinte sur tous ses traits.

— Suis-je votre oncle, jeune fille? lui dis-je; si je le suis, pourquoi me craignez-vous?

—Parce que vous êtes le chef de méchans paysans qui se plaisent à répandre le sang noble, me répondit-elle avec un courage qui me surprit.

— Comment vous nommez-vous? lui demandai-je, et

quel est celui qui, vous ayant inspiré une idée si peu favorable de votre oncle, vous a amenée ici pour vous faire voir s'il ressemble au portrait qu'on vous en a fait?

— C'est Ital Schreckenwald qui m'a conduite ici, me répondit-elle ne comprenant qu'à demi la nature de ma question.

— Ital Schreckenwald! répétai-je, hors de moi, en entendant prononcer le nom d'un scélérat que j'avais tant de motifs pour détester. Une voix partant du milieu des ruines, semblable au sombre écho d'une voûte sépulcrale, répondit: — Ital Schreckenwald! — et le misérable, sortant de l'endroit où il était caché, se montra devant moi avec cette indifférence pour le danger qui est un des attributs de son caractère atroce. J'avais en main mon bâton armé d'un fer pointu; que devais-je faire? qu'auriez-vous fait dans les mêmes circonstances?

— Je lui aurais fendu la tête! je la lui aurais brisée comme si elle eût été de verre! s'écria l'Anglais avec force.

— Je fus sur le point de le faire, mais il était sans armes, il m'était envoyé par mon frère, et par conséquent je ne pouvais faire tomber sur lui ma vengeance. Sa conduite intrépide et audacieuse contribua aussi à le sauver.

— Que le vassal du très-haut et très-puissant comte de Geierstein, dit l'insolent, écoute les ordres de son maître, et qu'il ait soin d'y obéir. Découvre ta tête et écoute; car quoique ce soit ma voix qui parle, ce sont les paroles du noble comte que je répète.

— Dieu et les hommes savent si je dois hommage ou

respect à mon frère, répliquai-je, et c'est déjà beaucoup si, par égard pour lui, je ne traite pas son messager comme il l'a si bien mérité. Achève ce que tu as à me dire, et délivre-moi de ton odieuse présence.

— Albert, comte de Geierstein, ton maître et le mien, continua Schreckenwald, ayant à s'occuper de guerres et d'autres affaires importantes, t'envoie sa fille la comtesse Anne de Geierstein, et te fait l'honneur de t'en confier le soin jusqu'à ce qu'il juge à propos de te la redemander. Il désire que tu appliques à son entretien les revenus et produits des terres de Geierstein que tu as usurpées sur lui.

— Ital Schreckenwald, répondis-je, je ne m'abaisserai pas à te demander si la manière dont tu me parles est conforme aux intentions de mon frère, ou si elle t'est dictée par ton insolence; je te dirai seulement que, si les circonstances ont privé ma nièce de son protecteur naturel, je lui servirai de père, et il ne lui manquera rien que je puisse lui donner. Les terres de Geierstein ont été confisquées au profit de l'État; le château est ruiné comme tu le vois, et c'est par suite de tes crimes que la maison de mes pères est dans cet état de désolation. Mais en quelque lieu que je demeure, Anne de Geierstein y trouvera un asile, elle y sera reçue comme mes propres enfans, et je la traiterai en tout comme ma fille. Et maintenant que tu t'es acquitté de ton message, retire-toi, si tu tiens à la vie; car il est dangereux de parler au père, quand on a les mains teintes du sang du fils! Le misérable se retira sur-le-champ, mais il prit congé de moi avec son insolence ordinaire.

—Adieu, me dit-il, comte de la herse et de la charrue! adieu, noble compagnon de méprisables bourgeois!

—Il disparut, et me délivra de la forte tentation de faire couler son sang dans les lieux qui avaient été témoins de ses cruautés et de ses crimes.

Je conduisis ma nièce chez moi, et je la convainquis bientôt que j'étais son ami sincère. Je l'habituai, comme si elle eût été ma fille, à tous les exercices de nos montagnes: elle l'emporta à cet égard sur toutes les jeunes filles de ce district; mais on voit briller en elle de temps en temps des étincelles d'esprit et de courage, mêlées d'une délicatesse qui, je dois l'avouer, n'appartiennent pas aux simples habitans de ces montagnes sauvages, et annoncent une tige plus noble et une éducation d'un genre plus relevé. Ces qualités sont si heureusement mélangées de simplicité et de bonté, qu'Anne de Geierstein est regardée avec raison comme l'orgueil du canton, et je ne doute pas que, si elle voulait choisir un époux digne d'elle, l'État ne lui accordât en dot une partie considérable des biens qui ont appartenu à son père; car il n'est pas dans nos principes de punir les enfans des fautes de leurs parens.

—J'ai une bien forte raison pour joindre ma voix à toutes celles qui font l'éloge de votre aimable nièce; et je suppose que vous désirez qu'elle fasse un mariage tel que l'exigent sa naissance, ses espérances, et surtout son mérite.

—C'est un objet qui a souvent occupé mes pensées. Une trop proche parenté met obstacle à ce qui aurait été mon premier désir, son union avec un de mes fils. Le jeune Rodolphe Donnerbugel est plein de courage et jouit de l'estime de ses concitoyens; mais il a plus d'ambition, plus de désir d'être distingué des autres, que je ne le désirerais dans celui qui en ma nièce doit trouver un compagnon pour toute sa vie. Au surplus, il est probable que je vais être désagréablement délivré de tout souci à ce sujet, car mon frère, après avoir paru oublier Anne pendant plus de sept ans, me demande, par une lettre que j'en ai reçue récemment, de la lui renvoyer. Vous savez lire, mon cher Monsieur, car votre profession l'exige. Voici cette lettre; lisez-la. Les termes en sont un peu froids, mais non pas insolens comme le message peu fraternel d'Ital Schreckenwald. Lisez-la tout haut, je vous prie.

Le marchand lut ce qui suit :

« Au comte Arnold de Geierstein, dit Arnold Biederman.

» Mon frère, je vous remercie du soin que vous avez pris de ma fille, car elle a été en sûreté, quand autrement elle se serait trouvée en péril; et elle a été traitée avec bonté, quand elle aurait eu à lutter contre le sort. Je vous prie maintenant de me la renvoyer; j'espère la revoir douée des vertus qui conviennent à une femme dans toutes les conditions, et disposée à oublier les habitudes d'une villageoise de la Suisse, pour prendre les graces d'une jeune personne de haut rang. Adieu, je vous réitère mes remerciemens de vos soins, et je voudrais les reconnaître si cela était en mon pouvoir : mais vous n'avez besoin de rien que je puisse donner, ayant renoncé au rang pour lequel vous étiez né, et vous étant établi dans un lieu d'où vous voyez les orages passer bien au-dessus de votre tête. Je suis votre frère.

« GEIERSTEIN. »

— Je vois, ajouta le marchand, qu'un *post-scriptum* vous prie d'envoyer votre nièce à la cour du duc de Bourgogne. Au total, ce billet me paraît écrit du style d'un homme hautain, flottant entre le souvenir qu'il conserve d'une ancienne offense et la reconnaissance d'un service récemment rendu. Les propos de son messager étaient ceux d'un subalterne insolent, cherchant à exhaler son dépit sous prétexte d'exécuter les ordres de son maître.

— Je pense comme vous.

— Et avez-vous dessein de remettre cette jeune personne aimable et intéressante entre les mains d'un père opiniâtre, comme il le paraît, sans savoir dans quelle situation il se trouve, et quels sont ses moyens pour la protéger?

— Le lien qui unit le père à l'enfant, répondit vivement de Landamman, est le premier et le plus saint de tous les nœuds que connaisse la race humaine. La difficulté de faire faire ce voyage à ma nièce sans aucun danger, est le seul motif qui m'ait fait différer à accomplir les intentions de mon frère. Mais puisqu'il est probable que je vais moi-même me rendre à la cour de Charles, j'ai décidé qu'Anne m'y accompagnera. En conversant avec mon frère, que je n'ai pas vu depuis bien des années, j'apprendrai quels sont ses projets pour sa fille, et il est possible que je le détermine à trouver bon qu'elle continue à rester confiée à mes soins. Et maintenant, Monsieur, vous ayant appris toutes mes affaires de famille, plus au long peut-être qu'il n'était nécessaire, je m'adresse à vous, comme à un homme sage, pour vous prier de faire attention à ce qui me reste à vous dire. Vous savez que les jeunes gens des deux sexes sont naturellement portés à causer, à rire, à badiner les uns avec les autres, et qu'il en résulte souvent de ces attachemens sérieux qu'on appelle aimer par amour. J'espère que si nous devons voyager ensemble, vous donnerez à votre fils les avis nécessaires pour lui faire sentir qu'Anne de Geierstein ne peut convenablement devenir l'objet de ses pensées ou de ses attentions.

Le marchand rougit, soit de ressentiment, soit de quelque autre émotion du même genre.

— Je ne vous ai pas demandé votre compagnie, sire Landamman, s'écria-t-il; c'est vous-même qui me l'avez proposée. Si mon fils et moi nous sommes devenus depuis ce temps, sous quelque rapport que ce soit, les objets de votre méfiance, nous sommes très-disposés à voyager séparément.

— Ne vous fâchez pas, mon digne hôte, nous autres Suisses nous ne nous livrons pas facilement aux soupçons, et pour ne pas être dans le cas d'en concevoir, nous parlons des circonstances qui peuvent en faire naître plus franchement qu'il n'est d'usage de le faire dans les pays plus civilisés. Quand je vous ai proposé de faire ce voyage avec moi, je vous dirai la vérité, quoiqu'elle puisse déplaire à l'oreille d'un père ; je regardais votre fils comme un jeune homme doux et simple, trop timide et trop modeste pour gagner l'estime et l'affection d'une fille : mais il vient de se montrer sous des traits tout différens, et qui ne peuvent manquer d'intéresser en sa faveur le cœur d'une femme. Il a réussi à bander l'arc de Buttisholz, fait qu'on avait long-temps regardé comme impossible, et auquel un bruit populaire attache une sotte prophétie. Il a assez d'esprit pour faire des vers, et il possède sans doute encore d'autres talens qui exercent beaucoup d'empire sur le cœur des jeunes personnes, quelque peu d'importance qu'y attachent des hommes dont la barbe commence à grisonner comme la vôtre et la mienne, ami marchand. Or, vous devez sentir que, puisque mon frère ne me pardonne pas d'avoir préféré la liberté d'un citoyen suisse à la condition servile et avilissante d'un courtisan allemand, il trouverait fort mauvais que sa fille devînt l'objet des vœux d'un homme qui n'aurait pas l'avantage d'être issu d'un sang noble, ou qui, comme il le dirait, l'aurait dégradé en s'occupant de commerce, d'agriculture, en un mot de quelque profession utile. Si votre fils aimait Anne de Geierstein, il se préparerait des dangers et un désappointement certain. Maintenant vous savez tout, et je vous demande si nous voyagerons ensemble.

—Comme il vous plaira, sire Landamman, répondit Philipson avec un ton d'indifférence. Quant à moi, tout ce que je puis vous dire, c'est qu'un attachement tel que celui dont vous parlez serait aussi contraire à mes désirs qu'à ceux de votre frère et aux vôtres, à ce que je suppose. Arthur Philipson a des devoirs à remplir, qui ne lui permettent nullement de s'amuser à faire l'amour à une jeune fille de Suisse, et même d'Allemagne, dans quelque rang de la vie qu'elle soit née. D'ailleurs c'est un fils plein de soumission; il n'a jamais désobéi à l'un de mes ordres, et j'aurai l'œil ouvert sur lui.

— Il suffit, mon digne ami, il suffit, dit le Landamman. En ce cas, nous voyagerons ensemble, et je serai charmé d'accomplir mon premier projet, car votre entretien me plaît, et j'y puise de l'instruction.

Changeant alors de conversation, il demanda au marchand s'il croyait que l'alliance formée entre le roi d'Angleterre et le duc de Borrgogne fût durable.

— Nous entendons beaucoup parler, ajouta-t-il, de l'immense armée avec laquelle le roi Édouard se propose de reconquérir les provinces que l'Angleterre possédait en France.

— Je sais parfaitement, répondit Philipson, que rien ne pourrait être si populaire en mon pays, qu'une invasion en France, et une tentative pour recouvrer la Normandie, le Maine et la Gascogne, anciens apanages de la couronne d'Angleterre. Mais je doute beaucoup que l'usurpateur voluptueux qui prend le titre de roi puisse compter sur le secours du ciel pour réussir dans une pareille entreprise. Édouard IV est brave sans doute; il a gagné toutes les batailles dans lesquelles a tiré l'épée, et le nombre n'en est pas peu considérable; mais, depuis qu'il a atteint, par un chemin ensanglanté, le but de son ambition, on n'a plus vu en lui qu'un débauché livré aux plaisirs des sens, au lieu d'un vaillant chevalier; je crois que la chance de recouvrer les beaux domaines que l'Angleterre a perdus pendant les guerres civiles excitées par sa maison ambitieuse, ne sera pas même pour lui une tentation suffisante pour le décider à quitter son lit voluptueux de Londres, ses draps de soie, ses oreillers de duvet, et les sons langoureux du luth qui appelle pour lui le sommeil, et à aller coucher sur la dure en France, pour être éveillé par le son des trompettes donnant l'alarme.

— Tant mieux pour nous, si cela est ainsi, répliqua le Landamman; car, si l'Angleterre et la Bourgogne démembraient la France, comme cela est presque arrivé du temps de nos pères, le duc Charles aurait alors tout le loisir de faire tomber sur notre Confédération la vengeance qu'il nourrit depuis si long-temps.

Tout en conversant de cette manière, ils se retrouvèrent sur la pelouse en face de la maison de Biederman; et aux exercices de corps qui avaient d'abord eu lieu avait succédé une danse à laquelle prenaient part les jeunes gens des deux sexes. Anne de Geierstein et le jeune étranger étaient à la tête des danseurs; c'était un arrangement assez naturel, puisque l'un était un étranger, et que l'autre représentait la maîtresse de la maison. Cependant le Landamman et Philipson se jetèrent un coup d'œil, comme si cette circonstance leur eût rappelé une partie de la conversation qu'ils venaient d'avoir.

Mais dès que son oncle et le vieux marchand furent de retour, Anne saisit la première pause qui eut lieu, pour se retirer de la danse. Elle s'approcha de son oncle, le prit à part, et lui parla comme si elle lui eût rendu compte des affaires intérieures de la maison dont elle était chargée. Philipson remarqua que son hôte écoutait sa nièce d'un air sérieux et attentif, et que, lui faisant un signe de tête, avec sa manière franche, il semblait lui promettre de prendre en considération ce qu'elle venait de lui dire.

On ne tarda pas à avertir toute la famille que le souper était servi. Il consistait principalement en excellent poisson pêché dans les rivières et les lacs des environs. Une grande coupe contenant ce qu'on appelait *der schaftrunk*, c'est-à-dire le breuvage du sommeil, fit ensuite le tour de la table. Le maître de la maison en but le premier, sa nièce y mouilla ses lèvres, on la présenta ensuite aux deux étrangers, et elle fut vidée par le reste de la compagnie. Telle était alors la sobriété des Suisses, mais les choses changèrent bien par la suite, quand ils eurent plus de relations avec des nations plus adonnées au luxe. On conduisit les étrangers dans leur appartement, où Philipson et Arthur occupèrent le même lit, et tous les habitans de la maison ne tardèrent pas à être ensevelis dans un profond repos.

CHAPITRE VI.

« Notre combat sera celui de deux torrens,
« Ou de deux vents partis de deux points différens :
« Nous serons deux bûchers, dont la flamme ennemie
« Pour s'entre-dévorer s'élance avec furie. —
« Quand un démon voudrait, pour souffler la terreur,
» Des élémens en guerre exciter la fureur,
« L'homme dans son courroux est encor plus terrible. »

Frenaud.

Le plus âgé de nos deux voyageurs, quoique vigoureux et habitué à la fatigue, dormit plus profondément et plus long-temps que de coutume, le matin du jour qui commençait alors à paraître; mais son fils Arthur avait l'esprit occupé d'une idée qui interrompit son repos même avant la fin de la nuit.

La rencontre qui devait avoir lieu entre lui et le

hardi Bernois, homme d'élite parmi une race de guerriers renommés, était un engagement qui, d'après l'opinion de l'époque où il vivait, ne devait pas se différer, et auquel on ne pouvait manquer. Il se leva, en prenant toutes les précautions possibles pour ne pas éveiller son père, quoique cette circonstance n'eût pu donner aucun soupçon à celui-ci, qui savait que son fils était accoutumé de se lever de bonne heure pour veiller aux préparatifs du départ, voir si le guide était prêt, si la mule avait eu sa provende, en un mot pour s'occuper de tous les détails qui auraient pu donner quelque embarras à son père. Mais le vieillard, fatigué de l'exercice de la veille, dormait, comme nous l'avons déjà dit, plus profondément que de coutume; et Arthur, s'étant armé de sa bonne lame, se rendit sur la pelouse en face de la maison du Landamman, par une belle matinée d'automne, dans les montagnes de la Suisse.

Le soleil allait alors frapper de son premier rayon le sommet du colosse le plus gigantesque de cette race de Titans alpins; quoique l'ombre couvrît encore l'herbe, qui, en craquant sous les pieds du jeune homme, indiquait une légère gelée. Mais Arthur n'accorda pas un seul regard au paysage d'alentour, quelques attraits qu'il offrît au moment où le premier rayon du soleil allait le faire briller de tout son éclat. Il ajusta le ceinturon auquel était suspendue son épée, et il n'avait encore fait que quelques pas vers le lieu du rendez-vous, qu'il avait déjà serré la boucle du fourreau.

C'était aussi la coutume, dans ce siècle militaire, de

regarder un défi accepté comme un engagement sacré, l'emportant sur tous ceux qui auraient pu être-contrac» tés antérieurement. Quelque sentiment secret de répugnance que la nature pût opposer aux ordres de la mode, il fallait l'étouffer, et le champion devait se rendre sur le lieu désigné, d'un pas aussi leste et aussi dégagé que s'il eût été à une noce. Je ne puis dire si Arthur Philipson éprouvait cette ardeur, mais, dans le cas contraire, son air et sa démarche gardaient bien le secret.

Ayant traversé à la hâte les champs et les bosquets qui séparaient la demeure du Landamman du vieux château de Geierstein, il entra dans la cour du côté opposé au torrent, et presque au même instant son antagoniste, d'une taille gigantesque, et qui, à la lumière encore pâle du matin, paraissait même plus grand et plus robuste qu'il ne l'avait paru la soirée précédente, se montra sur les pierres qui servaient de pont pour traverser la rivière, étant venu à Geierstein par un autre chemin que celui que l'Anglais avait suivi.

Le jeune Bernois portait une de ces énormes épées dont la lame avait cinq pieds de longueur, et qu'on appelait épée à deux mains, parce qu'il fallait employer les deux mains pour la manier. On s'en servait presque universellement en Suisse, car, indépendamment de l'effet que de telles armes produisaient sur l'armure des hommes d'armes allemands, impénétrable pour des glaives plus légers, elles convenaient parfaitement pour défendre les défilés des montagnes; la force et l'agilité de ceux qui les portaient, permettaient aux combattans de s'en servir utilement et avec beaucoup d'adresse, malgré leur poids et leur longueur. Un de ces glaives gigantesques était suspendu au cou de Rodolphe, de manière que la pointe lui battait sur les talons, et que la poignée s'élevait sur son épaule gauche, bien au-dessus de sa tête; il en portait en main un second.

— Tu es exact, cria-t-il à Arthur d'une voix qui se fit entendre distinctement au milieu du tumulte assourdissant de la chute d'eau; mais je me doutais que tu arriverais ici sans épée à deux mains, et je t'ai apporté celle de mon cousin Ernest. A ces mots, il jeta par terre devant Arthur l'épée qu'il tenait en main, la poignée dirigée du côté du jeune Anglais. — Etranger, songe à ne pas déshonorer ce fer, ajouta-t-il, car Ernest ne me le pardonnerait jamais. Si tu préfères le mien, je te laisse le choix.

L'Anglais regarda cette arme avec quelque surprise, car il ne savait pas s'en servir.

— Dans tous les pays où l'on connaît les lois de l'honneur, répondit-il, celui qui est défié a le choix des armes.

— Celui qui combat sur une montagne de la Suisse doit combattre avec une arme suisse, répliqua Rodolphe. Crois-tu que nos mains soient faites pour manier un canif?

— Et les nôtres ne le sont pas pour manier une faux, dit Arthur. Et tout en regardant l'énorme épée que le Suisse persistait à lui offrir, il murmura entre ses dents, *usum non habeo:* je ne connais pas le maniement de cette arme.

— Te repens-tu du marché que tu as fait? s'écria le Suisse; si cela est, avoue ta lâcheté, et va-t'en sans rien craindre. Parle clairement, au lieu de cracher du latin comme un clerc ou un moine tonsuré.

— Non, jeune orgueilleux, répondit l'Anglais, je ne te demande aucun quartier. Je pensais seulement à un combat qui a eu lieu entre un jeune berger et un géant, et dans lequel Dieu accorda la victoire à celui dont les armes étaient encore plus inégales que les miennes. Je combattrai comme tu me vois. Mon épée me suffira, comme elle m'a déjà suffi plus d'une fois.

— Soit! reprit le montagnard, mais tu n'as pas le droit de me faire aucun reproche, puisque je t'ai offert égalité d'armes. Et maintenant, écoute-moi. Notre combat est un combat à mort; le bruit de ce torrent est le glas de la cloche funèbre pour l'un de nous. Il y a long-temps qu'il n'a entendu le bruit des armes.... Regarde-le bien, car si tu succombes, je jetterai ton corps dans ses eaux.

— Et si je suis vainqueur, Suisse orgueilleux, répondit Arthur, et je compte que ta présomption te conduira à ta perte, je te ferai enterrer dans l'église d'Einsiedlen, et je ferai dire des messes pour le repos de ton ame; ton épée sera placée sur ton tombeau, et une inscription dira aux passans : — Ci-gît un ourson de Berne tué par Arthur l'Anglais.

— La Suisse ne manque pas de montagnes, dit Rodolphe avec dédain, mais il ne s'y trouve pas une pierre sur laquelle tu puisses graver cette inscription. Prépare-toi au combat.

Arthur jeta un coup d'œil avec calme et réflexion sur le lieu qui allait être le théâtre du combat. On sait que c'était une grande cour, dans laquelle étaient des amas de ruines plus ou moins considérables, et dispersés çà et là.

— Il me semble, se dit-il à lui-même, qu'un homme qui connaît son arme, qui n'a pas oublié les instructions qu'il a reçues de Bottaforma de Florence, qui a le cœur pur, une bonne lame, et la main ferme, peut bien ne pas craindre deux pieds d'acier de plus dans la main de son ennemi.

Tout en faisant ces réflexions, et en gravant dans son esprit, aussi bien que le moment le permettait, les localités dont il pouvait tirer quelque avantage pendant le combat, il prit position au milieu de la cour, qui offrait en cet endroit un espace qui n'était pas embarrassé de décombres, et, jetant à bas son manteau, il tira son épée du fourreau.

Rodolphe avait d'abord cru que son antagoniste était un jeune efféminé à qui il ferait mordre la poussière du premier coup de sa lame redoutable. Mais l'attitude ferme et attentive que prit Arthur fit songer le Suisse à quelque désavantage que pouvait lui donner une arme difficile à manier, et il résolut d'éviter toute précipitation qui pourrait offrir une occasion favorable à un ennemi qui paraissait aussi déterminé que prudent. Il tira du fourreau son énorme épée par-dessus son épaule gauche, opération qui exigea quelque temps, et qui aurait donné à son antagoniste un avantage redoutable si les sentimens d'honneur d'Arthur lui eussent permis de commencer l'attaque avant que son ennemi fût en défense. L'Anglais resta ferme dans sa position jusqu'au moment où le Suisse faisant briller sa lame aux rayons du soleil, la brandit trois ou quatre fois, comme pour en montrer le poids, et prouver la facilité avec laquelle il la maniait. Alors il se tint ferme, à portée du fer de son adversaire, tenant son arme des deux mains, un peu en avant de son corps, et la pointe dirigée en haut. Arthur, au contraire, tenait son arme de la main droite dans une position horizontale, à la hauteur de sa tête, de manière à être prêt, soit à parer, soit à frapper d'estoc ou de taille.

— Frappe donc, Anglais! dit le Suisse après qu'ils furent restés ainsi en face l'un de l'autre environ une minute.

— C'est au fer le plus long à frapper le premier, répondit Arthur.

A peine avait-il prononcé ce mot, que l'épée de Rodolphe se leva et descendit avec une rapidité qui, vu le poids et la longueur de cette arme, paraissait effrayante. Nulle parade, quelque adroite qu'elle eût été, n'aurait pu empêcher la chute terrible de cette lame pesante dont le Bernois avait espéré qu'un seul coup serait le commencement et la fin du combat. Mais le jeune Philipson n'avait pas compté en vain sur la justesse de son coup d'œil et sur l'agilité de ses membres. Avant que le glaive eût eu le temps de descendre, un saut léger fait de côté le mit à l'abri de ce coup formidable; et avant que le Suisse eût pu relever son épée, il le blessa au bras gauche, quoique très-légèrement. Courroucé de cette blessure, et surtout de n'avoir pas mieux réussi, le Bernois leva son épée une seconde fois, et employant une force qui répondait à son arme, il porta à son adversaire une suite de coups de taille et d'estoc, de haut en bas, de bas en haut et des deux côtés, avec tant de vivacité, qu'Arthur eut besoin de toute son adresse pour éviter, en parant, en sautant, en se penchant à droite ou à gauche, un orage dont chaque coup semblait suffisant pour fendre un rocher. Le jeune Anglais fut même obligé de rompre la mesure de son ennemi, en faisant quelques pas tantôt de côté, tantôt en arrière, et quelquefois en prenant position derrière quelques ruines. Mais pendant tout ce temps il attendait avec le plus grand sang-froid que les forces de son ennemi furieux commençassent à s'épuiser, ou qu'un coup porté imprudemment lui fournît l'occasion de l'attaquer à son tour avec avantage. Cette occasion se présenta, car, en portant un coup avec fureur, le Suisse heurta du pied une pierre, et avant qu'il eût eu le temps de se remettre en garde, il reçut sur la tête un coup terrible, qui aurait pu avoir des suites fatales si sa toque n'eût été garnie d'une doublure d'excellent acier. Il ne fut donc pas blessé, et se redressant de toute sa hauteur, il renouvela le combat avec la même fureur, quoique Arthur crût remarquer qu'il respirait plus péniblement, et qu'il portait ses coups avec plus de circonspection.

Ils combattaient avec une fortune égale, quand une voix sévère se faisant entendre au-dessus du cliquetis des lames et des mugissemens du torrent, s'écria d'un ton imposant: — A bas les armes à l'instant!

Les deux combattans baissèrent aussitôt la pointe de leurs épées, n'étant peut-être fâchés ni l'un ni l'autre de l'interruption apportée à un combat qui, sans cela, ne se serait probablement terminé que par la mort de l'un d'eux. Ils tournèrent la tête du côté d'où la voix était partie, et virent le Landamman s'avancer vers eux, le front et les sourcils annonçant le courroux.

— Comment, jeunes gens! s'écria-t-il, vous êtes les hôtes d'Arnold Biederman, et vous déshonorez sa maison par des actes de violence qui conviendraient mieux aux loups des montagnes qu'à des êtres que le Créateur a formés à son image, et auxquels il a donné une ame immortelle qu'ils doivent sauver par le repentir et la pénitence!

— Arthur, dit à son fils le vieux Philipson, qui était arrivé avec le Landamman, que signifie cette frénésie? Les devoirs que vous avez à remplir vous paraissent-ils assez légers, assez peu importans pour vous laisser le loisir de vous quereller et de vous battre avec le premier rustre fanfaron et dur que vous pouvez rencontrer?

Les jeunes gens, dont le combat avait cessé à l'arrivée de ces spectateurs inattendus, se regardaient l'un l'autre, chacun d'eux appuyé sur son épée.

— Rodolphe Donnerhugel, dit le Landamman, donne-moi ton épée, à moi, propriétaire de ce terrain, chef de cette famille, premier magistrat de ce Canton.

— Et ce qui est encore plus, répondit Rodolphe

avec soumission, à vous qui êtes Arnold Biederman, à l'ordre duquel tous les habitans de ces montagnes tirent leurs épées du fourreau, ou les y font rentrer.

Il remit son fer au Landamman.

— Sur ma parole, dit Arnold, c'est celle avec laquelle ton père combattit si glorieusement à Sempach, à côté de l'illustre de Winkelried. C'est une honte de l'avoir tirée contre un étranger qui reçoit de nous l'hospitalité. Et vous, jeune homme, continua-t-il en se tournant vers Arthur, — mais Philipson l'interrompit en disant à son fils: — Mon fils, remettez votre épée au Landamman.

— C'est inutile, monsieur, répondit Arthur: car, quant à moi, je regarde notre querelle comme terminée. Ce jeune homme plein de bravoure m'a appelé ici, à ce que je présume, pour faire l'essai de mon courage: je rends justice complète à sa valeur et à son habileté, et je me flatte qu'il n'a rien à dire qui puisse me faire rougir. Je crois que notre combat a duré assez long-temps pour le motif qui y avait donné lieu.

— Trop long-temps pour moi, dit Rodolphe avec un ton de franchise; la manche verte de mon habit, couleur que j'ai choisie par affection pour les Cantons des Forêts, est devenue aussi cramoisie qu'aurait pu la rendre le meilleur teinturier d'Ypres et de Gand. Mais je pardonne de bon cœur à l'étranger qui a fait cette métamorphose; il m'a donné une leçon que je n'oublierai pas très-promptement. Si tous les Anglais avaient ressemblé à votre hôte, mon digne parent, je crois que le monticule de Buttisholz ne se serait pas élevé si haut.

— Cousin Rodolphe, dit le Landamman dont le front commença à se dérider tandis que le Bernois parlait ainsi, je vous ai toujours regardé comme étant aussi généreux que vous êtes étourdi et querelleur ; et vous, mon jeune hôte, vous pouvez compter que quand un Suisse dit que la querelle est terminée, elle ne se renouvellera jamais. Nous ne sommes pas comme les habitans des vallées du côté de l'Orient, qui nourrissent la vengeance dans leur sein comme un enfant favori. Allons, donnez-vous la main, mes enfans, et que cette sotte querelle soit oubliée.

— Voici ma main, brave étranger, dit Donnerhugel ; vous venez de me donner une leçon d'escrime ; quand nous aurons déjeuné, nous irons faire un tour dans la forêt, si cela vous convient, et je tâcherai de vous en donner une dans l'art de la chasse. Quand votre pied aura acquis la moitié de l'expérience qu'a votre main, et que votre œil aura gagné une partie de la fermeté de votre cœur, il ne se trouvera guère de chasseurs qu'on puisse vous comparer.

Arthur, avec toute la confiance de la jeunesse, accepta une proposition qui était faite d'un ton si franc ; et tout en retournant à la maison, ils se mirent à causer sur la chasse, avec autant de cordialité que s'ils avaient toujours été les meilleurs amis du monde.

— Voilà comme cela doit être, dit le Landamman. Je suis toujours disposé à pardonner à la fougue impétueuse de nos jeunes gens, pourvu qu'ils soient francs et sincères en se réconciliant, et qu'ils aient le cœur sur les lèvres, comme doit l'avoir un vrai Suisse.

— Quoi qu'il en soit, dit Philipson, ces deux jeunes fous auraient pu faire de mauvaise besogne, si vous n'aviez appris leur rendez-vous, mon digne hôte, et si vous ne m'aviez appelé pour vous aider à interrompre leurs projets. Puis-je vous demander comment vous en avez été instruit.

— J'en ai été informé par ma fée domestique, qui semble née pour le bonheur de toute ma famille, répondit Biederman; c'est-à-dire par ma nièce Anne, qui avait vu ces deux braves échanger leurs gants, et qui avait entendu les mots, Geierstein et lever du soleil. Oh! Monsieur, on n'a pas d'idée de la vivacité de l'intelligence d'une femme! Il se serait passé bien du temps avant qu'aucun de mes fils à tête dure eût conçu un pareil soupçon.

— Je crois que j'aperçois notre aimable protectrice qui nous regarde du haut de cette éminence, dit Philipson; mais on dirait qu'elle désire nous voir sans être vue.

— Oui, dit le Landamman; elle cherche à s'assurer qu'il n'est arrivé aucun malheur. Et maintenant je réponds que la jeune folle est honteuse d'avoir montré un degré d'intérêt si louable dans une pareille affaire.

— Je serais charmé de faire, en votre présence, mes remerciemens à une aimable jeune personne à qui j'ai de si grandes obligations, reprit l'Anglais.

— Il n'y a rien de tel que le moment présent, dit le Landamman. Et il prononça le nom d'Anne de Geierstein avec ce ton ou plutôt ce cri perçant dont nous avons déjà parlé.

Comme Philipson l'avait remarqué, Anne s'était

postée sur une hauteur à quelque distance, bien cachée, à ce qu'elle croyait, derrière un buisson. Elle tressaillit en entendant la voix de son oncle, mais elle se rendit sur-le-champ à son ordre; et évitant les deux jeunes gens qui marchaient en avant, elle prit un sentier détourné pour aller joindre le Landamman et Philipson.

— Mon digne ami désire vous parler, Anne, dit Biederman à sa nièce après qu'ils se furent dit bonjour, car ils ne s'étaient pas encore vus de la matinée. Les joues et même le front de la jeune Helvétienne se couvrirent de rougeur, tandis que Philipson, avec une grace qui semblait au-dessus de sa profession, lui disait ce qui suit:

— Il nous arrive quelquefois, à nous autres marchands, ma jeune et belle amie, d'être assez malheureux pour ne pas avoir le moyen de payer nos dettes sur-le-champ; mais nous regardons avec raison comme le plus vil des hommes celui qui ne les reconnaît pas. Recevez donc les remerciemens d'un père dont le fils a dû la vie hier à votre courage, et vient d'être tiré en ce moment d'un grand danger par votre prudence. Ne me mortifiez pas en refusant de porter ces pendans d'oreilles, ajouta-t-il en lui présentant un petit écrin qu'il ouvrit. Ce ne sont que des perles, à la vérité, mais elles ont été regardées comme n'étant pas indignes d'orner les oreilles d'une comtesse, et...

— Et par conséquent, dit le Landamman, elles seraient déplacées à celles d'une jeune fille du canton d'Underwald; car ma nièce Anne n'est pas autre chose, tant qu'elle demeurera dans nos montagnes. Il me semble, maître Philipson, que vous avez manqué de jugement, car il faut proportionner ses présens au rang des personnes à qui on les destine; d'ailleurs, comme marchand, vous deviez vous rappeler que faire de grands présens c'est le moyen de rendre les profits plus petits.

— Pardon, mon cher hôte, répondit l'Anglais; mais permettez-moi de vous dire que j'ai du moins consulté le sentiment profond de la reconnaissance que j'éprouve; et j'ai choisi, parmi les objets qui sont à ma libre disposition, ce que j'ai jugé pouvoir mieux l'exprimer. Je me flatte qu'un hôte que j'ai trouvé jusqu'à présent si plein de bonté n'empêchera pas sa nièce d'accepter ce qui du moins ne messiéra point au rang pour lequel elle est née. Vous me jugeriez mal si vous pensiez que je suis capable de vous faire injure, ou de me nuire à moi-même, en offrant un gage de ma gratitude qui serait au-dessus de mes moyens.

Le Landamman prit l'écrin des mains du marchand.

— Je me suis toujours élevé, dit-il, contre la mode de ces bijoux coûteux, qui chaque jour nous éloignent de plus en plus de la simplicité de nos pères. Et cependant, ajouta-t-il en souriant avec un air de bonne humeur, et en approchant une des boucles d'oreilles de la joue de sa nièce, cet ornement lui sied à merveille, et l'on dit qu'une jeune fille trouve plus de plaisir à porter de pareils colifichets, qu'un homme à barbe grise ne peut le comprendre. Ainsi, ma chère Anne, comme vous avez mérité plus de confiance dans des affaires plus importantes, je laisse entièrement à votre sagesse le soin de décider si vous devez accepter le riche présent de notre ami, et si vous devez le porter.

— Puisque vous me laissez toute liberté à cet égard, mon cher oncle, répondit Anne en rougissant, je ne mortifierai pas un hôte estimable, en refusant ce qu'il me presse si vivement d'accepter : mais, avec votre permission et la vôtre, je consacrerai ces magnifiques pendans d'oreilles à Notre-Dame d'Einsiedlen, en témoignage de notre reconnaissance à tous pour la protection qu'elle nous a accordée pendant les terreurs de l'orage d'hier, et pendant les alarmes causées aujourd'hui par la discorde.

— Par Notre-Dame, elle parle avec bon sens, s'écria le Landamman, et elle fait un sage emploi de votre présent, mon cher hôte, en le destinant à obtenir des prières pour votre famille et la mienne, et pour la paix de tout le canton d'Underwald. Soyez tranquille, Anne, vous aurez un collier de jais à la prochaine fête de la tonte des moutons, si les toisons se vendent bien au marché.

CHAPITRE VII.

―――

> « Celui qui ne veut pas la paix qu'on lui présente,
> « Mérite tous les maux qu'alors la guerre enfante ;
> « Et, puisqu'à l'amitié ton ame est sans accès,
> « Tu t'annonces toi-même ennemi de la paix. » !
> Le Tasse.

La confiance qui régnait entre le Landamman et le marchand anglais parut s'accroître pendant le peu de jours qui s'écoulèrent jusqu'à leur départ pour se rendre à la cour de Charles, duc de Bourgogne. Il a déjà été fait allusion à l'état de l'Europe et à celui de la Confédération Helvétique ; mais pour faire bien comprendre notre histoire, il est peut-être à propos d'en tracer ici un court aperçu.

Pendant une semaine que les voyageurs passèrent à Geierstein, on tint plusieurs diètes, tant des cantons des villes que de ceux des forêts, dans toute la Confédération. Les premiers, mécontens des taxes imposées sur leur commerce par le duc de Bourgogne, et qui devenaient encore plus insupportables par suite des actes de violence que se permettaient les agens qu'il employait pour cette oppression, désiraient ardemment la guerre, dans laquelle ils avaient constamment trouvé jusqu'alors victoire et richesses. Plusieurs d'entre eux y étaient aussi excités sous main par les largesses de Louis XI, qui n'épargnait ni l'or ni les intrigues pour amener une rupture entre ces intrépides confédérés et son ennemi formidable, Charles le Téméraire.

D'une autre part, il paraissait impolitique de la part de la Suisse, pour plusieurs raisons, de s'engager dans une guerre contre un des princes les plus riches, les plus puissans et les plus opiniâtres de l'Europe, car tel était sans contredit Charles, duc de Bourgogne, sans quelque motif bien fort qui intéressât son honneur et son indépendance. Chaque jour on entendait se confirmer la nouvelle qu'Édouard IV, roi d'Angleterre, avait conclu une alliance étroite et intime, offensive et défensive, avec le duc de Bourgogne, et que le projet du roi anglais, renommé par ses victoires nombreuses sur la maison de Lancastre, rivale de la sienne, victoires qui, après différens revers, lui avaient obtenu la possession paisible du trône, était de faire valoir ses droits sur les provinces de France si long-temps le domaine de ses ancêtres. Il semblait que cela seul manquât à sa gloire, et qu'ayant vaincu ses ennemis dans l'intérieur de son pays, il songeât alors à reconquérir ces possessions précieuses que l'Angleterre avait perdues sous le règne du faible Henri VI et pendant les guerres civiles qui déchirèrent si cruellement ce royaume lors des dissensions de la Rose Blanche et de la Rose Rouge. On savait partout que toute l'Angleterre regardait la perte des provinces françaises comme une tache faite à l'honneur national, et que non-seulement la noblesse qui avait été privée des fiefs considérables qu'elle possédait en Normandie, en Gascogne, dans le Maine et dans l'Anjou, mais tout ce qui tenait à la profession des armes, habitué à acquérir des richesses et de la renommée aux dépens de la France, et même les simples archers, dont les arcs avaient si souvent décidé la victoire, étaient aussi empressés de se mettre en campagne, que leurs ancêtres l'avaient été à Crécy, à Poitiers et à Azincourt de suivre leur souverain sur les champs de bataille auxquels leurs exploits avaient donné un renom immortel.

Les nouvelles les plus récentes et les plus authentiques annonçaient que le roi d'Angleterre était sur le point de passer en France en personne, invasion facile, puisqu'il était en possession de Calais, avec une armée plus nombreuse et mieux disciplinée que ne le fut aucune de celles qu'un monarque anglais eût jamais conduites dans ce royaume ; que tous les préparatifs d'hostilité étaient terminés ; qu'on pouvait attendre à chaque instant l'arrivée d'Édouard, et que la coopération puissante du duc de Bourgogne, et l'aide d'un grand nombre de seigneurs français mécontens, dans les provinces qui avaient été si long-temps soumises à la domination anglaise, faisaient croire que l'issue de cette guerre serait fatale à Louis XI, quelque prudent, quelque sage et quelque puissant que fût ce prince.

Dans le moment où Charles, duc de Bourgogne, formait ainsi une alliance contre son formidable voisin, contre son ennemi héréditaire et personnel, une sage politique aurait dû le porter à éviter toute cause de querelle avec la Confédération Helvétique, peuple pauvre, mais belliqueux, à qui des succès réitérés avaient déjà appris que son infanterie intrépide pouvait, quand il le fallait, combattre avec égalité et même avec avantage la fleur de cette chevalerie qui avait été considérée jusqu'alors comme formant la principale force des armées européennes. Mais toutes les mesures de Charles, que la fortune opposait au monarque le plus astucieux et le plus politique de son temps, lui étaient dictées par ses passions et par son premier mouvement, plutôt que par la considération judicieuse des circonstances dans lesquelles il se trouvait. Hautain, fier, et absolu dans ses volontés, quoiqu'il ne manquât ni de générosité ni d'honneur, il méprisait et haïssait ces viles associations de bergers et de vachers, unis à quelques villes qui devaient principalement leur existence au commerce, et au lieu de courtiser les Cantons suisses, comme le faisait son ennemi plus adroit, ou du moins de ne leur donner aucun prétexte spécieux de querelle, il ne laissait échapper aucune occasion de témoigner le mépris qu'il avait conçu pour leur importance toute récente; il laissait percer son désir secret de venger tout le sang noble qu'ils avaient répandu, et d'obtenir une compensation pour les succès nombreux qu'ils avaient remportés sur les seigneurs féodaux, dont il s'imaginait qu'il était destiné à devenir le vengeur.

Les possessions du duc de Bourgogne en Alsace lui offraient de grands moyens pour faire sentir son déplaisir à la Confédération Suisse. La petite ville et le château de la Férette, à dix ou onze milles de Bâle, servaient de passage à tout le commerce de Berne et de Soleure, les deux principales villes de la ligue. Le duc y établit un gouverneur, ou sénéchal, qui était en même temps administrateur des revenus publics, et qui semblait né pour être la peste et le fléau des républicains ses voisins.

Archibald Von Hagenbach était un noble allemand dont les domaines étaient en Souabe, et on le regardait généralement comme un des hommes doués du caractère le plus féroce et le plus arbitraire parmi ces nobles des frontières, connus sous les noms de Chevaliers-Brigands et de Comtes-Brigands. Ces dignitaires, parce que leurs fiefs relevaient du Saint-Empire Romain, prétendaient à une entière souveraineté dans leur territoire d'un mille carré, aussi-bien qu'aucun prince régnant d'Allemagne dans ses États plus étendus. Ils levaient des droits et des taxes sur les étrangers, et jetaient en prison, mettaient en jugement, et faisaient exécuter ceux qui, comme ils l'alléguaient, avaient commis quelque crime dans leurs petits domaines. En outre, et pour mieux exercer leurs privilèges seigneuriaux, ils guerroyaient les uns contre les autres, aussi-bien que contre les villes libres de l'Empire, attaquaient et pillaient sans merci les caravanes, c'est-à-dire ces longues files de chariots par le moyen desquels se faisait tout le commerce intérieur de l'Allemagne.

Une suite d'injustices faites et souffertes par Archibald Von Hagenbach, qui avait été un de ceux qui avaient usé avec le plus d'étendue de ce privilège de *Faustrecht* (1), ou, comme on pourrait le dire, de droit du plus fort, avait fini par être obligé, quoique à un âge déjà un peu avancé, de quitter un pays où sa vie était à peine assurée, et il était entré au service du duc de Bourgogne. Ce prince l'employa d'autant plus volontiers, que c'était un homme de haute naissance et d'une valeur éprouvée, et peut-être encore plus parce qu'il était sûr de trouver dans un homme du caractère hautain, féroce et rapace d'Hagenbach, un ministre qui exécuterait sans scrupule tous les actes de sévérité que le bon plaisir de son maître pourrait lui enjoindre.

Les négocians de Berne et de Soleure firent à haute voix les plus vives plaintes des exactions d'Hagenbach. Les droits levés sur les marchandises qui traversaient le district de la Férette, n'importe où on les transportait, furent arbitrairement augmentés, et les marchands et commerçans qui hésitaient à payer sur-le-champ ce qu'on exigeait d'eux, étaient exposés à l'emprisonnement, et même à un châtiment corporel. Les villes commerçantes d'Allemagne se plaignirent au duc de la

(1) Littéralement, « droit du poing. »

conduite inique du gouverneur de la Férette, et le prièrent de destituer Von Hagenbach; mais le duc traita leurs plaintes avec mépris. La Confédération Helvétique prit un ton plus haut, et demanda qu'on fît justice du gouverneur de la Férette, comme ayant violé la loi des nations; mais sa demande n'obtint pas plus d'attention.

Enfin la diète de la Confédération résolut d'envoyer au duc la députation solennelle dont il a déjà été parlé. Un ou deux de ces envoyés adoptèrent les vues calmes et prudentes d'Arnold Biederman, dans l'espoir qu'une démarche si solennelle pourrait ouvrir les yeux de Charles sur l'injustice criminelle de son représentant; d'autres, qui n'avaient pas des intentions si pacifiques, avaient résolu d'ouvrir la porte à la guerre par cette remontrance vigoureuse.

Arnold Biederman était l'avocat déclaré de la paix, tant qu'elle était compatible avec l'indépendance de son pays et l'honneur de la Confédération : mais le jeune Philipson découvrit bientôt que le Landamman était le seul individu de toute sa famille qui nourrît ces sentimens de modération. L'opinion de ses enfans avait été séduite et dirigée par l'éloquence impétueuse et irrésistible de Rodolphe Donnerhugel, qui, par quelques traits particuliers de bravoure personnelle, et par suite de la considération due aux services de ses ancêtres, avait acquis dans les conseils de son canton, et auprès de toute la jeunesse de la Confédération, un crédit que ces sages républicains n'étaient pas dans l'habitude d'accorder à un homme de son âge. Arthur, que tous ces jeunes gens accueillaient alors avec plaisir comme compagnon de leurs parties de chasse et de leurs autres amusemens, ne les entendait parler que de l'espoir de la guerre, qu'embellissait l'espoir du butin, et auquel se joignait la perspective de la nouvelle renommée que les Suisses allaient acquérir. Les exploits de leurs ancêtres contre les Allemands avaient réalisé les victoires fabuleuses des romans, et puisque la nouvelle génération n'était ni moins robuste ni moins valeureuse, ils s'attendaient aux mêmes succès. Quand ils parlaient du gouverneur de la Férette, ils le désignaient sous le nom du *chien d'attache du duc de Bourgogne*, ou du *mâtin d'Alsace*; et ils disaient ouvertement que si son maître ne réprimait pas ses actions sur-le-champ, et s'il ne s'éloignait pas lui-même des frontières de la Suisse, Archibald Von Hagenbach verrait que sa forteresse ne pourrait le protéger contre l'indignation des habitans de Soleure, et surtout des habitans de Berne.

Arthur fit part à son père du désir de la guerre, manifesté par les jeunes Suisses, et celui-ci fut un moment incertain s'il ne ferait pas mieux de braver les inconvéniens et les dangers qu'il pouvait éprouver en voyageant seul avec son fils, que de courir le risque d'être impliqué dans quelque querelle par la conduite désordonnée de ces jeunes et fiers montagnards quand ils auraient passé leurs frontières. Un tel événement aurait été contraire à tous les motifs de son voyage : mais Arnold Biederman étant respecté par sa famille et par tous ses compatriotes, le marchand anglais en conclut, au total, que son influence suffirait pour réprimer l'ardeur de ses compagnons, jusqu'à ce que la grande question de la paix et de la guerre fût décidée, mais surtout jusqu'à ce qu'ils eussent obtenu une audience du duc de Bourgogne, et qu'ils se fussent acquittés de leur mission. Après cela, il serait séparé de leur compagnie, et il ne pourrait être regardé comme responsable de leurs mesures ultérieures.

Après environ dix jours de délai, la députation chargée de faire des remontrances au duc sur les actes d'agression et d'exaction d'Archibald Von Hagenbach se rassembla enfin à Geierstein, d'où les membres qui la composaient devaient partir ensemble. Ils étaient au nombre de trois, sans compter le jeune Bernois et le Landamman d'Underwald. L'un d'eux était, comme Arnold, un propriétaire des Cantons des Forêts, portant un costume qui n'était guère que celui d'un simple berger, mais remarquable par la taille et la beauté de sa longue barbe argentée; il se nommait Nicolas Bonstetten. Melchior Sturmthal, porte-bannière de Berne, homme de moyen âge, et guerrier distingué par sa bravoure, avec Adam Zimmerman, bourgeois de Soleure, qui était beaucoup plus âgé, complétait le nombre des envoyés.

Chacun d'eux s'était costumé de son mieux; mais quoique le regard austère d'Arnold Biederman trouvât à redire à deux boucles de ceinturon en argent, et à une chaîne de même métal qui décorait l'embonpoint du bourgeois de Soleure, il semblait qu'un peuple puissant et victorieux, car les Suisses devaient alors être envisagés sous ce point de vue, n'avait jamais été représenté par une ambassade d'un caractère si patriarcal. Les députés voyageaient à pied, le bâton ferré à la main, comme des pèlerins allant visiter quelque lieu de dévotion. Deux mulets chargés de leur petit bagage étaient conduits par des jeunes gens, fils ou cousins des membres de l'ambassade, qui avaient obtenu, de cette manière, la permission de voir ce qu'ils pourraient de la partie du monde qui se trouvait au-delà de leurs montagnes.

Mais quelque peu nombreux que fût leur cortège, soit pour donner de l'apparat à leur mission, soit pour pourvoir à leurs besoins personnels, ni les circonstances dangereuses du temps, ni les troubles qui régnaient au-delà de leur territoire, ne permettaient à des hommes chargés d'affaires si importantes de voyager sans escorte. Le danger même des loups, qui, aux approches de l'hiver, descendent souvent des montagnes et entrent en troupe dans les villages qui ne sont pas défendus par des murailles, comme ceux dans lesquels les envoyés pourraient avoir à faire halte, rendait cette précaution nécessaire; et le nombre des déserteurs des troupes de différentes puissances, organisés en bandes de brigands sur les frontières de l'Alsace et de l'Allemagne, achevait de la rendre indispensable.

En conséquence une vingtaine de jeunes gens choisis dans les divers cantons de la Suisse, et parmi lesquels se trouvaient Rudiger, Ernest et Sigismond, les trois fils aînés d'Arnold, servirent d'escorte à la députation. Cependant ils ne marchèrent pas en ordre militaire, ni à la suite ou en avant du corps patriarcal. Au contraire, ils se divisaient en troupes de chasseurs de cinq à six, qui reconnaissaient les bois, les montagnes et les défilés par où la députation devait passer. La marche lente des envoyés donnait aux jeunes gens agiles, qui étaient accompagnés de gros chiens, tout le temps de tuer des loups et des ours, et quelquefois de chasser un chamois sur les rochers; tandis que les chasseurs, même en poursuivant leur gibier, avaient soin d'examiner tous les endroits qui auraient pu cacher une embuscade, et ils veillaient ainsi à la sûreté de ceux qu'ils escortaient, plus efficacement que s'ils les avaient suivis pas à pas. Un son particulier de la corne du bœuf des montagnes, dont nous avons déjà parlé, était le signal convenu pour se réunir si quelque danger se présentait. Rodolphe Donnerhugel, bien plus jeune que ses collègues dans cette mission importante, prit le commandement de cette garde, qu'il accompagnait ordinairement dans ses parties de chasse. Ils étaient bien armés, car ils avaient des épées à deux mains, de longues pertuisanes, des javelines, des arcs, des arbalètes, des coutelas et des couteaux de chasse. Mais les plus lourdes de ces armes, qui auraient gêné leur marche, étaient portées avec les bagages, pour être reprises à la première alarme.

Arthur Philipson, comme son ancien antagoniste, préférait naturellement la compagnie et les amusemens des jeunes gens, à la conversation grave et au pas lent des pères conscrits de la République helvétienne. Il avait pourtant une propension à jouer le rôle de traîneur avec les bagages; en effet quelque chose aurait pu porter le jeune Anglais à oublier les parties de chasse des jeunes Suisses et à endurer la conversation grave et le pas lent des vieillards: — Anne de Geierstein, accompagnée d'une jeune Suissesse à son service, voyageait à la suite de la députation.

Elles étaient montées sur des ânes, dont la marche lente pouvait à peine suivre les mulets chargés des bagages; et l'on peut présumer avec raison qu'Arthur Philipson, pour s'acquitter des services importans que cette belle et intéressante jeune personne lui avait rendus, ne se serait pas cru trop à plaindre de lui offrir son aide de temps en temps dans le cours du voyage, et de jouir de l'avantage de son entretien pour alléger l'ennui de la route; mais il n'osa pas avoir pour elle des attentions que les usages du pays ne semblaient pas permettre, puisqu'il ne lui voyait rendre aucuns soins ni par ses cousins, ni même par Rodolphe Donnerhugel, qui certainement avait paru jusqu'alors ne négliger aucune occasion de se faire valoir aux yeux de sa belle cousine. D'ailleurs Arthur était assez réfléchi pour être convaincu qu'en cédant aux sentimens qui le portaient à cultiver la connaissance de cette aimable personne, il encourrait le déplaisir certainement sérieux de son père, et probablement aussi celui du Landamman, dont ils avaient reçu l'hospitalité, et dans la compagnie duquel ils voyageaient maintenant à l'abri de tout danger.

Le jeune Anglais prit donc part aux amusemens qui occupaient les autres jeunes gens; faisant seulement en sorte, aussi fréquemment que les haltes le permettaient, d'accorder à cette jeune fille des marques de politesse qui ne pouvaient donner lieu ni à une remarque, ni à la censure. Sa réputation comme chasseur étant alors bien établie, il se permettait quelquefois, même pendant que les autres poursuivaient le gibier, de rester en arrière sur le bord du sentier, d'où il pouvait du moins apercevoir le voile gris d'Anne de Geierstein agité par le vent, et les contours des formes élégantes qu'il couvrait. Ses compagnons ne semblaient pas interpréter défavorablement cette indolence, qu'ils attribuaient à l'indifférence pour un genre de chasse n'offrant aucun danger ; quand il s'agissait de poursuivre un loup, un ours, ou quelque autre animal de proie, nul individu de la compagnie, pas même Rodolphe Donnerhugel, n'était plus prompt qu'Arthur à saisir sa javeline, son arc, ou son coutelas.

Pendant ce temps, les réflexions du vieux marchand étaient d'une nature plus sérieuse. Comme on a déjà dû le remarquer, c'était un homme qui avait une grande connaissance du monde, où il avait joué un rôle tout différent de celui dont il s'acquittait en ce moment. D'anciennes idées se réveillèrent en lui, en voyant des divertissemens semblables à ceux de ses jeunes années. Les aboiemens des chiens retentissant sur les montagnes et dans les forêts épaisses qu'ils traversaient ; la vue de ces jeunes chasseurs poursuivant leur gibier sur des rochers escarpés qui semblaient inaccessibles au pied de l'homme, et sur le bord de précipices profonds; le son des cornets suisses qui se répétait de montagne en montagne; tout cela l'avait tenté plus d'une fois de prendre part à un amusement noble, quoique hasardeux, qui, après la guerre, était alors, dans la plupart des contrées de l'Europe, la plus sérieuse occupation de la vie. Mais ce désir ne se faisait sentir à lui que momentanément, et il prenait un intérêt plus profond à étudier les mœurs et les opinions de ses compagnons de voyage.

Tous avaient la simplicité droite et franche qui caractérisait Arnold Biederman; mais aucun d'eux n'offrait une égale dignité dans ses pensées, ni une sagacité si profonde. En parlant de la situation politique de leur pays, ils n'affectaient aucun mystère; et, quoique, à l'exception de Rodolphe, les jeunes gens ne fussent point admis dans leurs conseils, cette exclusion ne semblait avoir lieu que pour maintenir la jeunesse dans un esprit de subordination, et non parce qu'on jugeait nécessaire d'avoir des secrets pour elle. Ils s'entretenaient librement, en présence du vieux marchand, des prétentions du duc de Bourgogne, des moyens qu'avait leur pays de soutenir son indépendance, et de la ferme résolution où était la ligue helvétique de braver toutes les forces que le monde entier pourrait lui opposer plutôt que de souffrir la plus légère insulte. Sous d'autres rapports, leurs vues paraissaient sages et modérées, quoique le porteur de bannière de Berne et l'important bourgeois de Soleure parussent regarder les conséquences d'une guerre sous un jour moins sérieux que le prudent Landamman d'Underwald et son vénérable compagnon Nicolas Bonstetten, qui adoptait toutes les opinions d'Arnold.

Il arrivait fréquemment qu'oubliant ce sujet de conversation, ils faisaient rouler l'entretien sur des objets qui avaient moins d'attrait pour leur compagnon de voyage. Les pronostics du temps, la comparaison des dernières moissons, la manière la plus avantageuse de cultiver leurs vergers, les moyens à employer pour obtenir de bonnes récoltes, tout cela, quoique fort intéressant pour les montagnards, ne l'était guère pour Philipson. Le digne meinherr Zimmerman de Soleure aurait volontiers conversé avec lui de commerce et de marchandises; mais l'Anglais, qui ne trafiquait qu'en objets de grande valeur et de peu de volume, et qui faisait pour son négoce de longs voyages par terre et par mer, ne pouvait trouver que peu de sujets à discuter avec le Suisse, dont le commerce ne s'étendait pas au-delà des cantons voisins de la Bourgogne et de l'Allemagne, et dont les marchandises ne consistaient qu'en gros draps de laine, en futaine, en pelleterie et autres objets de même genre.

Mais tandis que les Suisses discutaient de petits intérêts de commerce, décrivaient quelque procédé grossier d'agriculture, et parlaient de la nielle des grains ou de la clavelée des moutons avec l'exactitude minutieuse de petits marchands ou de petits fermiers qui se rencontrent à une foire, souvent quelque endroit bien connu rappelait le nom et l'histoire d'une bataille dans laquelle au moins l'un d'entre eux avait combattu, car il n'y en avait pas un parmi eux qui n'eût porté les armes plusieurs fois ; les détails militaires, qui, dans les autres pays, n'étaient à la portée que des chevaliers et des écuyers qui y avaient joué leur rôle, ou des savans clercs qui travaillaient à en perpétuer le souvenir, étaient, dans cette étrange contrée, un sujet familier et favori de discussions entre des gens que leurs occupations paisibles semblaient placer à une distance immense de la profession de soldat. Cette circonstance rappela à l'esprit de l'Anglais les anciens habitans de Rome, qui abandonnaient si souvent la charrue pour l'épée, et la culture des terres pour l'administration des affaires publiques. Il parla de cette ressemblance entre les deux peuples au Landamman. Celui-ci fut naturellement flatté du compliment fait à son pays, mais il y répondit : — Puisse le ciel conserver parmi nous les vertus simples des Romains, et nous préserver de leur soif de conquêtes et de leur passion pour les objets d'un luxe étranger!

La marche lente des voyageurs, et diverses causes de délai qu'il est inutile de détailler, firent qu'ils passèrent deux nuits en route avant d'arriver à Bâle. Les petites villes et les villages où ils logèrent les reçurent avec autant de respect et d'hospitalité qu'ils le pouvaient, et leur arrivée était le signal d'une petite fête que leur offraient les principaux habitans.

En ces occasions, tandis que les vieillards du pays recevaient les députés de la Confédération, la jeunesse en faisait les honneurs aux jeunes gens de l'escorte; on leur procurait le plaisir de la chasse, on les y accompagnait, et on leur faisait connaître les endroits où il y avait le plus de gibier.

Ces fêtes ne conduisaient jamais à aucun excès, et les mets les plus recherchés étaient du chevreau, de l'agneau, et du gibier tué sur les montagnes. Cependant Arthur et son père remarquèrent que le porte-bannière de Berne et le bourgeois de Soleure prisaient les avantages de la bonne chère plus que le Landamman, leur hôte, et le député de Schwitz. On ne commettait aucun excès, comme nous l'avons déjà dit, mais les deux députés que nous venons de nommer les premiers avaient évidemment appris l'art de choisir les meilleurs morceaux, et étaient connaisseurs en vins étrangers, dont ils avaient soin de ne pas se laisser manquer. Arnold était trop prudent pour critiquer ce qu'il n'avait pas l'espoir de corriger, et il se contentait de donner l'exemple de la sobriété en ne mangeant presque que des légumes, et en ne buvant guère que de l'eau ; en quoi il était soigneusement imité par le vieux Nicolas Bonstetten, qui semblait se faire un point d'honneur de suivre en tout l'exemple du Landamman.

Ce fut, comme nous l'avons déjà dit, dans le cours de la troisième journée qui suivit leur départ, que les députés suisses arrivèrent près de Bâle, alors une des plus grandes villes du sud-ouest de l'Allemagne, où ils se proposaient de passer la nuit, ne doutant pas qu'ils n'y fussent reçus en amis. A la vérité, cette ville ne faisait pas encore partie de la Confédération suisse, dans laquelle elle n'entra qu'environ trente ans après, en 1501 ; mais c'était une ville libre impériale, liée avec Berne, Soleure, Lucerne et d'autres villes de la Suisse, par des intérêts mutuels et des relations constantes.

Le but de la députation était de négocier, s'il était possible, une paix qui devait être aussi utile à la ville de Bâle qu'à la Suisse même, vu l'interruption de commerce qui résulterait nécessairement d'une rupture entre le duc de Bourgogne et les Cantons, et dans ce cas cette ville, étant située entre les deux puissances belligérantes, devait trouver un grand avantage à conserver la neutralité.

Les envoyés s'attendaient donc à recevoir des autorités de la ville de Bâle un accueil aussi amical que celui qui leur avait été fait partout dans le territoire de la Confédération, puisqu'elle était intéressée à voir réussir leur mission. Le chapitre suivant apprendra comment leur attente se réalisa.

CHAPITRE VIII.

> — « Leurs yeux virent enfin
> « Cette belle cité que traverse le Rhin,
> « Quand ce fleuve orgueilleux descend de ses montagnes,
> « Comme autrefois la Gaule a vu dans ses campagnes,
> « Quittant de ses rochers la stérile grandeur,
> « Le fier Orgétorix s'élancer en vainqueur.
>
> Helvetia.

Les yeux des voyageurs anglais, fatigués de l'aspect continuel de montagnes sauvages, se reposèrent avec plaisir sur une contrée dont la surface, à la vérité, était encore irrégulière et montagneuse, mais qui était susceptible de culture et ornée de champs de blé et de vignobles. Le Rhin, grand et large fleuve, roulait ses eaux à travers les campagnes, et divisait en deux parties la ville de Bâle, qui est située sur ses rives. La partie méridionale de cette cité offrait à leurs regards sa célèbre cathédrale, avec la terrasse magnifique qui y fait face, et semblait rappeler à nos voyageurs qu'ils approchaient alors d'un pays dans lequel les ouvrages de l'homme pouvaient se faire distinguer parmi les œuvres de la nature, au lieu d'être perdus, comme ce fut toujours le sort des plus glorieux travaux, au milieu de ces montagnes énormes entre lesquelles leur route les avait conduits jusqu'alors.

Les envoyés étaient encore à un mille de l'entrée de la ville, quand ils rencontrèrent un des magistrats, accompagné de deux ou trois citoyens, tous montés sur des mulets dont les housses de velours annonçaient l'opulence et la qualité des cavaliers. Ils saluèrent d'un air respectueux le Landamman et ses compagnons, qui se préparèrent à écouter l'invitation hospitalière à laquelle il était assez naturel qu'ils s'attendissent, et à y répondre convenablement.

Le message de la ville de Bâle fut pourtant l'opposé de ce qu'ils s'étaient figuré qu'il devait être. Le fonctionnaire qui leur adressa la parole parla en hésitant, presque d'un air confus, et l'on pouvait voir qu'en s'acquittant de sa mission il ne la regardait pas comme la plus honorable dont il eût jamais été chargé. L'orateur de la ville de Bâle commença par des protestations d'affection sincère et fraternelle pour les villes de la Confédération Helvétique, avec lesquelles celle de Bâle était unie d'intérêts. Mais il finit par annoncer qu'attendu certaines raisons puissantes et urgentes, qui seraient expliquées d'une manière satisfaisante plus à loisir, la ville libre de Bâle ne pouvait recevoir ce soir dans ses murs les députés grandement respectés qui, par ordre de la diète helvétique, se rendaient à la cour du duc de Bourgogne.

Philipson remarqua avec beaucoup d'intérêt l'effet que cette annonce très-inattendue produisit sur les membres de l'ambassade. Rodolphe Donnerhugel, qui s'était joint à eux en approchant de Bâle, parut moins surpris que ses collègues : il garda pourtant un profond silence, et montra plus d'envie de pénétrer leurs sentimens que d'exprimer les siens. Ce n'était pas la première fois que la pénétration du marchand anglais avait remarqué que ce jeune homme hardi et impétueux pouvait, quand ses desseins l'exigeaient, opposer une forte contrainte à la fougue naturelle de son caractère. Quant aux autres, le front du porteur de bannière se rembrunit; le visage du bourgeois de Soleure devint enflammé comme la lune quand elle se lève au nord-ouest; le député à barbe grise de Schwitz regarda Biederman avec un air d'inquiétude, et le Landamman lui-même sembla plus ému que son calme habituel n'aurait permis de le présumer. Enfin il répondit au fonctionnaire de Bâle, d'une voix un peu altérée par son émotion :

— C'est un étrange message que celui que vous apportez de la part des citoyens de Bâle, que nous avons toujours traités en amis, et qui prétendent encore l'être, aux députés de la Confédération suisse, chargés d'une mission amiable. L'abri de leurs toits, la protection de leurs murailles, l'accueil hospitalier d'usage, c'est ce que les habitans d'aucun pays ami n'ont pas le droit de refuser à ceux d'un autre.

— Et ce n'est pas volontairement que la ville de Bâle vous en fait le refus, digne Landamman, répondit le magistrat. Les citoyens de Bâle désireraient vous accueillir, non-seulement vous et vos dignes collègues, mais votre escorte, et jusqu'à vos bêtes de somme, avec toute l'hospitalité qui est en leur pouvoir; mais nous agissons par contrainte.

— Et cette contrainte, qui peut l'exercer? s'écria avec colère le porteur de bannière de Berne. L'empereur Sigismond a-t-il assez peu profité de l'exemple de ses prédécesseurs, pour...

— L'Empereur, répliqua le délégué de Bâle, interrompant le Bernois, est un monarque paisible et bien intentionné, comme il l'a toujours été; mais des troupes bourguignonnes se sont avancées récemment dans le Sundgau, et des messages nous ont été envoyés par le comte Archibald Von Hagenbach.

— Il suffit, dit le Landamman; n'écartez pas davantage le voile qui couvre une faiblesse dont vous rougissez. Je vous comprends parfaitement; Bâle se trouve trop près de la citadelle de la Férette, pour qu'il soit permis à ses citoyens de consulter leur inclination. Mon frère, nous voyons en quoi consiste votre embarras; nous vous plaignons; nous vous pardonnons votre manque d'hospitalité.

— Mais écoutez-moi jusqu'à la fin, digne Landamman, répliqua le magistrat. Il y a près d'ici un ancien pavillon de chasse des comtes de Falkenstein, appelé Graff's-lust (1), qui, quoique en ruines, peut encore offrir un abri où vous serez mieux logés qu'en plein air, et qui même est susceptible de quelque défense ; et cependant, à Dieu ne plaise que personne ose y aller troubler votre repos. Mais écoutez-moi encore, mes dignes amis ; si vous y trouvez quelques rafraîchissemens, comme vin, bière, etc., etc., faites-en usage sans scrupule, car ils vous sont destinés.

— Je ne refuse pas d'occuper une place où nous puissions trouver quelque sécurité, dit le Landamman, car, quoique le fait de nous faire fermer les portes de Bâle puisse n'être que le résultat d'un méprisable esprit d'insolence et d'animosité, qui peut savoir s'il ne se rattache pas aussi à quelque projet de violence? Nous vous remercions de vos provisions, mais nous ne vivrons pas, de mon consentement, aux dépens des gens qui n'osent se montrer nos amis qu'à la dérobée.

— Un mot de plus, digne Landamman, reprit le magistrat. Vous êtes accompagnés d'une dame, qui, je crois, est votre fille. Des hommes ne se trouveront pas trop bien logés dans l'endroit où vous allez, et par conséquent une femme y serait encore moins commodément, quoique nous ayons tout disposé à cet égard de notre mieux. Permettez donc que votre fille nous accompagne à Bâle ; ma femme sera pour elle comme une mère, et demain matin je la reconduirai près de vous. Nous avons promis de fermer nos portes aux citoyens

(1) Littéralement, « le plaisir du comte. » — Tr.

de la Confédération suisse, mais il n'a été fait aucune mention des femmes.

— Les habitans de Bâle sont des casuistes subtils, répondit le Landamman; mais sachez que depuis le temps où les Helvétiens descendirent de leurs montagnes pour marcher contre César, nos femmes ont fait leur séjour dans le camp de leurs pères, de leurs frères et de leurs maris, et n'ont cherché d'autre sûreté que celle que pouvait leur procurer le courage des êtres qui leur étaient si chers. Nous avons assez de bras pour protéger nos femmes; ma nièce restera avec nous, et partagera le destin que le ciel nous réserve.

— Adieu donc, mon digne ami, dit le magistrat de Bâle; je suis fâché de me séparer de vous de cette manière, mais un sort fâcheux le veut ainsi. Cette avenue en gazon vous conduira au vieux pavillon; et fasse le ciel que vous y passiez la nuit tranquillement; car indépendamment des autres risques, il court de mauvais bruits sur ces ruines. Mais ne permettrez-vous pas à votre nièce, puisque telle est la qualité de cette jeune personne, de venir passer la nuit à Bâle?

— Si notre repos est troublé par des êtres semblables à nous, répondit Arnold Biederman, nous avons des bras vigoureux et de bonnes pertuisanes; si, comme vos paroles semblent le donner à entendre, nous avons affaire à des êtres d'une autre nature, nous avons ou nous devons avoir de bonnes consciences et de la confiance dans le ciel. Mes amis, mes collègues en cette mission, ai-je énoncé vos sentimens comme les miens?

Les autres députés suisses donnèrent leur assentiment à tout ce qu'avait dit le Landamman d'Underwald, et les citoyens de Bâle prirent poliment congé des étrangers, s'efforçant, à force de civilités apparentes, de couvrir leur manque réel d'hospitalité. Après leur départ, Rodolphe fut le premier à exprimer ce qu'il pensait de leur conduite pusillanime. — Les chiens de lâches! s'écria-t-il; puisse le boucher de Bourgogne leur arracher jusqu'à la peau par ses exactions, pour leur apprendre à méconnaître d'anciennes liaisons d'amitié, plutôt que de s'exposer au moindre souffle du courroux d'un tyran!

— Et d'un tyran qui n'est pas même leur maître, ajouta un autre jeune homme; car presque toute l'escorte s'était alors rassemblée autour des députés pour apprendre quel accueil on devait attendre à Bâle.

— Sans doute, s'écria Ernest, un des fils d'Arnold Biederman; ils ne prétendent pas avoir reçu des ordres de l'Empereur; mais un seul mot du duc de Bourgogne, qui ne devrait être pour eux qu'une brise légère venant de l'occident, suffit pour les faire manquer à tous les devoirs de l'hospitalité. Nous devrions marcher sur la ville, et en forcer les habitans, à la pointe de l'épée, à nous y recevoir.

Un murmure d'applaudissement qui s'éleva parmi les jeunes gens, éveilla le mécontentement d'Arnold Biederman.

— Est-ce un de mes fils que je viens d'entendre? s'écria-t-il; n'est-ce pas plutôt un lansquenet brutal qui ne rêve que batailles et actes de violence? Qu'est devenue la retenue des jeunes Suisses qui avaient coutume d'attendre, pour agir, que les vieillards du canton eussent jugé à propos de leur en donner le signal; qui étaient doux comme de jeunes filles, jusqu'à ce que la voix de leurs patriarches les eût rendus aussi audacieux que des lions?

— Je n'avais pas de mauvaises intentions, mon père, dit Ernest déconcerté de cette réprimande; j'avais encore bien moins dessein de manquer à ce que je vous dois; mais je dirai que....

— Ne dites pas un mot, mon fils, répliqua Arnold; mais quittez notre camp demain à la pointe du jour, et en retournant sur-le-champ à Geierstein, comme je vous l'ordonne, souvenez-vous que celui qui ne peut commander à sa langue devant ses propres concitoyens et en présence de son père, n'est pas fait pour voyager en pays étranger.

Le porteur de bannière de Berne, le bourgeois de Soleure, et même le député à longue barbe de Schwitz, intercédèrent pour le coupable, et tâchèrent de faire révoquer la sentence qui le condamnait au bannissement; mais leurs efforts furent inutiles.

— Non, mes chers amis, non, mes frères, répondit Arnold, ces jeunes gens ont besoin d'un exemple; et quoique je sois fâché, dans un sens, que la faute ait été commise par un membre de ma famille, je suis charmé, sous un autre rapport, que le délinquant soit un jeune homme sur qui je puis exercer une pleine autorité sans être suspect de partialité. Ernest, vous avez entendu mon ordre; retournez à Geierstein demain au point du jour, et que je vous trouve dans de meilleures dispositions quand j'y serai de retour.

Le jeune Suisse, quoique évidemment piqué de cet affront public, mit un genou en terre, et baisa la main de son père. Arnold, sans le moindre signe de ressentiment, lui donna sa bénédiction, et Ernest, sans lui adresser un mot de remontrance, se retira à l'arrière-garde. La députation entra alors dans l'avenue qui lui avait été indiquée, et au bout de laquelle on voyait les ruines massives de Graff's-lust; mais il ne faisait plus assez jour pour en reconnaître exactement la forme. Quand ils en furent plus près, et que l'obscurité augmenta, ils virent briller des lumières à trois ou quatre croisées, tandis que le reste de la façade était couvert de profondes ténèbres. Lorsqu'ils y furent arrivés, ils reconnurent que le pavillon était entouré d'un fossé large et profond, sur la surface duquel se réfléchissait, quoique faiblement, la lumière qu'on voyait à travers quelques fenêtres.

CHAPITRE IX.

> FRANCISCO.
> « Je vous souhaite le bonsoir. »
> MARCELLUS.
> « Adieu, brave soldat : qui vous a relevé de garde ? »
> FRANCISCO.
> « C'est Bernardo. Je vous souhaite le bonsoir. »
> SHAKSPEARE.

Le premier soin de nos voyageurs fut de chercher le moyen de traverser le fossé, et ils ne furent pas long-temps sans découvrir la tête du pont, c'est-à-dire la culée sur laquelle reposait autrefois le pont-levis, quand on le baissait. Ce pont était tombé en ruines depuis long-temps, mais on en avait construit un provisoire, et, à ce qu'il paraissait, tout récemment, avec des troncs d'arbres et des planches, par le moyen duquel ils arrivèrent aisément à l'entrée du pavillon, qui était une espèce de château. En y entrant, ils trouvèrent un guichet qui s'ouvrait sous le passage voûté, et guidés par la lumière, ils arrivèrent dans une salle qu'on avait évidemment préparée pour les recevoir, aussi bien que les circonstances le permettaient.

Un grand feu de bois sec brûlait dans la cheminée : il y avait été entretenu si long-temps, qu'on respirait un air doux et tempéré dans cet appartement, malgré son étendue et son délabrement. Dans un coin était un amas de bois qui aurait suffi pour nourrir le feu pendant une semaine. Deux ou trois longues tables avaient été préparées, et l'on trouva aussi plusieurs grands paniers contenant des rafraîchissemens de toute espèce. Les yeux du bon bourgeois de Soleure brillèrent de plaisir quand il vit les jeunes gens s'occuper à placer sur les tables les provisions qui étaient dans les paniers.

— Après tout, dit-il, ces pauvres gens de Bâle ont sauvé leur réputation, car s'ils ne nous ont pas fait l'accueil le plus obligeant, du moins ils ne nous laissent pas manquer de bonne chère.

— Ah! mon cher ami, dit Arnold Biederman, l'absence de l'hôte diminue considérablement le prix du festin. La moitié d'une pomme reçue de la main de votre hôte, vaut mieux qu'un repas de noces sans sa compagnie.

— Nous leur en avons moins d'obligation de leur banquet, dit le porte-bannière de Berne. Mais, d'après le langage équivoque que nous venons d'entendre, je crois qu'il est à propos de nous tenir cette nuit sur nos gardes, et qu'il conviendrait même que quelques-uns de nos jeunes gens fissent de temps en temps une patrouille dans les environs. Cette place est forte, susceptible d'être défendue, et à cet égard nous devons des remerciemens à ceux qui ont été nos quartiers-maîtres. Cependant, avec votre permission, mes honorables collègues, nous examinerons l'intérieur de la maison, après quoi nous organiserons une garde et des patrouilles. A votre devoir, jeunes gens; et faites une perquisition exacte dans toutes ces ruines. Il est possible qu'il s'y trouve d'autres personnes que nous, car nous sommes maintenant dans le voisinage d'un homme qui, comme un renard voleur, marche plus volontiers la nuit que le jour, cherchant sa proie dans les lieux écartés, et au milieu des ruines plutôt qu'en plein champ.

La proposition fut unanimement adoptée. Les jeunes gens prirent des torches, dont on avait trouvé une bonne quantité dans la salle, et firent une reconnaissance exacte.

La plus grande partie du château était dans un état de ruine et de dégradation beaucoup plus complet que la portion que les citoyens de Bâle semblaient avoir destinée pour le logement de l'ambassade. Le toit en était écroulé de différens côtés, et l'ensemble offrait un tableau de guerre. L'éclat des lumières, celui des armes, le son de la voix humaine, le bruit des pas des jeunes gens, effrayèrent dans leurs sombres retraites les chauves-souris, les hiboux, et les autres oiseaux de mauvais augure, habitans ordinaires des édifices détruits par le temps; ils prirent leur vol dans les différentes chambres, la plupart sans porte, et jetèrent parmi ceux qui les entendaient sans les voir, une alarme qui fit place à des éclats de rire quand la cause en fut connue. Le fossé entourait complètement le château, et par conséquent on y était en sûreté, puisqu'on ne pouvait y être attaqué du dehors que par la grande entrée; il était facile de la barricader et d'y placer des sentinelles.

Ils s'assurèrent aussi, par une perquisition faite avec soin, que s'il était possible qu'un individu fût caché parmi de tels monceaux de ruines, du moins il ne l'était pas qu'il s'y trouvât un nombre d'hommes suffisant pour les attaquer, sans qu'ils les eussent découverts. On fit un rapport de ces détails au porte-bannière de Berne, qui ordonna à Rodolphe Donnerhugel de prendre sous ses ordres un détachement de six jeunes gens qu'il choisirait lui-même pour faire des patrouilles au dehors dans tous les environs, jusqu'au premier chant du coq, et de revenir alors au château pour être relevés par d'autres, qui rempliraient les mêmes fonctions jusqu'aux premiers rayons de l'aurore, et qui seraient alors remplacés à leur tour. Rodolphe annonça son intention de rester de garde toute la nuit, et comme il était renommé par sa vigilance autant que par son courage et sa force, on pensa que rien ne manquerait à la garde extérieure du château. Enfin il fut convenu qu'en cas de rencontre imprévue, le son du cornet suisse donnerait l'alarme, ce qui servirait de signal pour envoyer du renfort à la patrouille.

Là même prudence dicta des précautions analogues dans l'intérieur. Une sentinelle, qu'on devait relever toutes les deux heures, fut placée à la porte, et deux autres furent postées de l'autre côté du château, quoique le fossé parût une défense suffisante.

Toutes ces mesures ayant été prises, on se mit à table. Les députés occupèrent le haut bout de la salle, et l'escorte se plaça modestement dans la partie inférieure. Une grande quantité de paille et de foin qui avait été empilée dans le vestibule servit à l'usage auquel les citoyens de Bâle l'avaient sans doute destinée, et à l'aide d'habits et de manteaux on en fit des lits qui parurent excellens à des hommes endurcis qui en avaient souvent eu de plus mauvais, soit à la guerre, soit à la chasse.

L'attention des citoyens de Bâle avait même été jusqu'à préparer pour Anne de Geierstein un logement plus commode que celui de ses compagnons de voyage. C'était un appartement qui avait probablement autrefois servi d'office, dont une porte donnait dans la salle où les Suisses étaient alors réunis, et où se trouvait aussi une baie, sans porte, donnant sur un passage qui conduisait dans les ruines. Cette baie avait été bouchée avec soin, quoique évidemment à la hâte, avec de grosses pierres prises dans les ruines, empilées les unes sur les autres, sans mortier ni ciment d'aucune espèce, mais si bien assurées par leur propre poids qu'une tentative pour les déplacer aurait donné l'alarme, non-seulement dans cette chambre, mais encore dans la salle voisine et dans tout le château. Le petit appartement arrangé ainsi avec soin, et mis à l'abri de toute surprise, contenait deux lits de camp, et un bon feu allumé dans la cheminée y répandait la chaleur. La religion n'avait même pas été oubliée, car un petit crucifix de bronze et un bréviaire avaient été déposés sur une table.

Ceux qui avaient découvert les premiers cette petite retraite, vinrent en faire part aux députés en se répandant en louanges sur la délicatesse des citoyens de Bâle, qui, en songeant à ce qui était nécessaire aux étrangers qui allaient arriver, n'avaient pas oublié de pourvoir séparément aux besoins particuliers de leur compagne de voyage.

Arnold Biederman fut sensible à leur attention obligeante. — Nous devons avoir compassion de nos amis de Bâle, dit-il, au lieu de nourrir du ressentiment contre eux. Ils nous ont fait un aussi bon accueil que le leur permettaient leurs craintes personnelles ; et ce n'est pas peu dire en leur faveur, mes maîtres, car il n'est aucune passion qui soit aussi égoïste que la peur. Anne, vous êtes fatiguée, ma chère, retirez-vous dans la chambre qui vous est destinée; Lisette choisira, parmi nos provisions abondantes, ce qu'elle croira le plus convenable pour votre souper.

A ces mots il conduisit lui-même sa nièce dans sa chambre à coucher, autour de laquelle il jeta un coup d'œil de satisfaction ; et comme il allait se retirer, il lui souhaita une bonne nuit ; mais il y avait sur le front de la jeune fille un nuage qui semblait annoncer que les souhaits de son oncle ne seraient pas accomplis. Depuis le moment où elle avait quitté la Suisse, elle avait eu l'air soucieux; elle causait plus rarement avec ceux qui s'approchaient d'elle, et elle ne leur répondait que par monosyllables; en un mot elle semblait en proie à une secrète inquiétude, ou à un chagrin inconnu. Son oncle s'en était aperçu, mais il l'attribuait assez naturellement au déplaisir qu'elle éprouvait en se voyant obligée à se séparer de lui, ce qui probablement ne devait pas tarder, et au regret qu'elle avait de quitter le séjour paisible où elle avait passé tant d'années de sa jeunesse.

Mais dès qu'Anne de Geierstein fut entrée dans son appartement, tous ses membres tremblèrent, la pâleur couvrit ses joues, et elle se laissa tomber, assise sur le bord d'un des deux lits. Les coudes appuyés sur ses genoux, et sa tête reposant sur ses mains, elle semblait accablée par une affliction profonde, ou attaquée de quelque maladie sérieuse, plutôt que fatiguée du voyage et ayant besoin de quelques rafraîchissemens. Arnold n'était pas très-clairvoyant sur toutes les causes qui peuvent agiter le cœur d'une femme. Il vit que sa nièce souffrait, mais il ne l'attribua qu'aux motifs dont nous avons déjà parlé, et il la blâma avec douceur d'avoir déjà perdu le caractère d'une fille de la Suisse, quand elle pouvait encore sentir le vent qui arrivait de ce pays.

— Il ne faut pas, lui dit-il, que vous fassiez croire aux dames d'Allemagne et de Flandre, que nos filles ne sont plus ce qu'étaient leurs mères; sans quoi nous aurons à livrer encore les batailles de Sempach et de

Laupen, pour convaincre l'Empereur et cet orgueilleux duc de Bourgogne, que les Suisses de nos jours ont encore le même courage que leurs ancêtres. Quant à notre séparation, je ne la crains pas; mon frère est comte de l'Empire, à la vérité, et par conséquent il veut être sûr que tous ceux à qui il a droit de commander sont à ses ordres. Il vous mande près de lui pour prouver qu'il a droit de le faire; mais je le connais bien : dès qu'il aura vu que ses désirs sont une loi pour vous, il ne s'inquiétera plus de vous ! Hélas ! pauvre fille ! en quoi pourriez-vous l'aider dans ses intrigues de cour et dans ses plans ambitieux ? Non, non, vous n'êtes pas en état de servir les projets du comte, et il faudra vous résoudre à retourner régner sur la laiterie de Geierstein, et à continuer d'être le bijou du vieux paysan votre oncle.

— Plût au ciel que nous y fussions maintenant ! s'écria Anne avec un accent de détresse qu'elle chercha vainement à cacher ou à réprimer.

— Cela serait difficile avant que nous ayons rempli la mission pour laquelle nous sommes en marche, répondit le Landamman, qui prenait tout à la lettre. Mais suivez mon conseil, Anne, mangez un morceau, buvez trois gouttes de vin, reposez-vous ensuite, et vous vous éveillerez demain aussi gaie qu'un jour de fête en Suisse, quand la musette sonne le réveillé.

Anne se trouva alors en état d'alléguer un violent mal de tête, qui ne lui permettait de prendre aucune nourriture, et souhaita le bonsoir à son oncle. Elle dit ensuite à Lisette d'aller chercher ce qu'il lui fallait à elle-même pour son souper, et lui recommanda de ne faire aucun bruit en revenant, et de ne pas interrompre son repos, si elle avait le bonheur de s'endormir. Arnold Biederman embrassa sa nièce, et alla rejoindre ses collègues, qui l'attendaient avec impatience pour attaquer les provisions dont la table était chargée. Les jeunes gens de l'escorte, dont le nombre était diminué par le départ de la patrouille et par le placement de trois sentinelles à leurs postes respectifs, n'étaient pas en moins bonne disposition que les personnages plus graves et plus importans qu'ils accompagnaient.

Le signal de l'attaque fut donné par le député de Schwitz, le plus âgé de toute la compagnie, qui prononça le bénédicité d'une manière patriarcale. Les voyageurs commencèrent alors leurs opérations avec une vivacité qui prouvait que l'incertitude du souper et le temps qu'ils avaient passé à faire des arrangemens préliminaires, avaient considérablement aiguisé leur appétit. Le Landamman lui-même, dont la tempérance approchait quelquefois de l'abstinence, parut, cette nuit, plus disposé qu'à l'ordinaire à se livrer aux plaisirs de la table. Son ami de Schwitz, suivant son exemple, mangea, but et parla plus que de coutume. Les deux autres députés firent tout ce qu'ils pouvaient faire sans risquer de se laisser accuser de changer le repas en orgie. Le vieux Philipson regardait cette scène d'un œil attentif, et n'emplissait son verre que lorsque la politesse exigeait qu'il fît raison aux santés qui étaient portées. Dès le commencement du banquet, son fils était sorti de l'appartement de la manière que nous allons rapporter.

Arthur s'était proposé de se joindre aux jeunes gens qui devaient faire des patrouilles au dehors ou remplir les fonctions de sentinelles dans l'intérieur du château ; il avait même déjà pris quelques arrangemens à ce sujet avec Sigismond, troisième fils du Landamman. Mais avant d'offrir ses services comme il se le proposait, ayant jeté un dernier regard pour ce soir sur Anne de Geierstein, il remarqua sur son front une expression si solennelle, qu'il ne lui fut plus possible de penser à autre chose qu'à deviner les motifs qui pouvaient avoir donné lieu à un tel changement. Son front ordinairement serein et ouvert, ses yeux qui exprimaient l'innocence qui est sans crainte, ses lèvres qui, secondées par un regard aussi franc que ses discours, semblaient toujours prêtes à énoncer avec confiance et bonté ce que son cœur lui dictait ; tout en elle avait en ce moment changé de caractère et d'expression, à un degré et d'une manière qui faisaient croire qu'on ne pouvait expliquer ce changement en l'attribuant à des causes ordinaires. La fatigue pouvait avoir fait pâlir les roses de ses joues, un mal subit pouvait avoir terni l'éclat de ses yeux, et chargé son front d'un nuage ; mais l'air d'accablement profond avec lequel ses yeux se fixaient quelquefois sur la terre, les regards effrayés qu'elle jetait de temps en temps autour d'elle, devaient avoir leur source dans une cause différente. Ni la fatigue, ni la maladie ne pouvaient expliquer la manière dont elle contractait ses lèvres, en personne déterminée à voir ou à faire quelque chose qui l'effraie ; il y avait une autre cause à ce tremblement presque insensible qui agitait parfois tous ses membres, et qu'elle semblait ne pouvoir maîtriser que par un violent effort. Ce changement remarquable devait avoir sa cause dans le cœur, une cause affligeante et pénible. — Quelle pouvait-elle être?

Il est dangereux pour la jeunesse de voir la beauté parée de tous ses charmes et armée du désir de faire des conquêtes; mais il l'est encore bien davantage de la voir dans ses instans d'aisance et de simplicité, cédant sans affectation à l'aimable caprice du moment, et cherchant ce qui peut lui plaire autant qu'à plaire elle-même. Il existe des hommes dont le cœur est encore plus vivement ému en voyant la beauté plongée dans le chagrin, et en éprouvant cette douce pitié, ce désir de consoler une belle affligée, que le poète décrit comme un sentiment bien voisin de l'amour. Mais sur un esprit d'une tournure romanesque, comme on en voyait souvent dans le moyen âge, la vue d'une jeune personne charmante, en proie à la terreur et à la souffrance sans aucune cause visible, devait peut-être faire encore plus d'impression que la beauté dans son éclat, dans sa tendresse, ou dans l'affliction. Il faut se rappeler que ces sentimens n'existaient pas seulement dans les rangs élevés, et qu'ils se trouvaient dans toutes les classes de la société au-dessus du paysan et de l'artisan. Le jeune Philipson regardait donc Anne de Geierstein avec une curiosité si ardente, mêlée de tant de compassion et de tendresse, que la scène active qui se passait autour de lui semblait disparaître à ses yeux, et le laisser dans une salle où régnait tant de bruit, seul avec l'objet qui l'intéressait.

Quelle pouvait donc être la cause qui accablait ainsi un esprit dont l'équilibre était si parfait, un courage qui était au-dessus de son sexe, tandis que sous la protection d'une escorte composée des hommes peut-être les plus braves qu'on eût pu trouver dans toute l'Europe, et dans un château fortifié, la femme même la plus timide aurait pu être sans inquiétude? Sûrement si une attaque avait lieu, le bruit du combat ne devrait être guère plus effrayant pour elle que les mugissemens des cataractes qu'il l'avait vue mépriser. Du moins, pensait-il, elle doit songer qu'il existe un homme que l'affection et la reconnaissance obligent à combattre pour sa défense jusqu'à la mort. Plût à Dieu, continua-t-il en se livrant toujours à sa rêverie, que je pusse l'assurer, autrement que par signes ou par paroles, de ma résolution invariable de la défendre au risque des plus grands périls.

Tandis que ces pensées se succédaient rapidement dans son esprit, Anne, dans un de ces accès de tremblement momentané qui semblaient l'accabler, leva les yeux, les porta tout autour de la salle avec un air de crainte, comme si elle se fût attendue à voir au milieu de ses compagnons de voyage, qu'elle connaissait tous, quelque apparition étrange et funeste; et enfin ils rencontrèrent ceux d'Arthur, qui la regardait avec attention. Elle les baissa aussitôt vers la terre, et sa rougeur prouva qu'elle sentait que ses manières étranges avaient été remarquées par le jeune Anglais.

De son côté Arthur sentit qu'il ne rougissait pas moins que la jeune fille, et il se retira à l'écart pour qu'elle ne pût s'en apercevoir. Mais quand Anne se leva et que son oncle la conduisit dans sa chambre, comme nous l'avons déjà rapporté, il sembla au jeune Philipson qu'elle l'avait laissé dans le sombre crépuscule d'une salle funéraire. Il continuait à réfléchir sur le sujet qui l'occupait si vivement, quand la voix mâle de Donnerhugel se fit entendre à son oreille.

— Eh bien! camarade, notre marche d'aujourd'hui vous a-t-elle fatigué au point que vous allez vous endormir tout debout?

— A Dieu ne plaise, Hauptman, répondit le jeune Anglais sortant de sa rêverie, et donnant à Rodolphe le titre que les jeunes gens composant l'escorte lui avaient unanimement conféré, et qui signifie chef ou capitaine. A Dieu ne plaise que je dorme, si le vent apporte quelque chose qui mérite qu'on veille.

— Où vous proposez-vous d'être au premier chant du coq?

— Où mon devoir, où votre expérience m'appelleront, Hauptman. Mais avec votre permission, j'ai dessein de monter la garde sur le pont jusqu'au chant du coq, en place de Sigismond. Il se ressent encore de l'entorse qu'il s'est donnée en courant après un chamois, et je lui ai conseillé de prendre un repos non interrompu, comme le meilleur moyen de recouvrer ses forces.

— Il fera donc bien de ne pas s'en vanter, car le vieux Landamman n'est pas homme à regarder un si léger accident comme une excuse pour se dispenser de son devoir. Ceux qui sont sous ses ordres doivent avoir aussi peu de cervelle qu'un bœuf, des membres aussi vigoureux que ceux d'un ours, et être aussi insensibles que le fer et le plomb à tous les événemens de la vie et aussi inaccessibles à toutes les faiblesses de l'humanité.

— J'ai été quelque temps l'hôte du Landamman, et je n'ai pas vu d'exemple d'une discipline si rigoureuse.

— Vous êtes étranger, et le vieillard est trop hospitalier pour vous imposer la moindre contrainte; quelque part qu'il vous plaise de prendre à nos amusemens ou à nos devoirs militaires, vous êtes parmi nous un volontaire. Ainsi donc quand je vous propose d'être de la seconde patrouille au premier chant du coq, c'est uniquement dans le cas où cette proposition pourrait vous être agréable.

— Je me regarde comme sous vos ordres en ce moment. Mais, pour ne pas faire assaut de politesse, je vous dirai que je serai relevé de garde sur le pont, au chant du coq, et que je serai charmé de pouvoir me promener alors sur un terrain plus étendu.

— N'est-ce pas vous exposer sans nécessité à plus de fatigue qu'il ne convient peut-être à vos forces ?

— Je n'en aurai pas plus que vous ! Ne vous proposez-vous pas de veiller toute la nuit ?

— Sans doute, mais je suis Suisse.

— Et moi, je suis Anglais, répliqua Philipson avec vivacité.

— Je n'entendais pas ce que je disais, dans le sens que vous le prenez, dit Rodolphe en riant; je voulais seulement dire que je suis naturellement plus intéressé en cette affaire que vous ne pouvez l'être, vous qui êtes étranger à la cause à laquelle nous sommes personnellement attachés.

— Je suis un étranger sans doute, mais un étranger qui a reçu chez vous l'hospitalité, et qui par conséquent a droit, tant qu'il sera avec vous, de partager vos travaux et vos dangers.

— Soit ! j'aurai fini ma première patrouille à l'heure où les sentinelles du château seront relevées, et je serai prêt à en commencer une seconde en votre bonne compagnie.

— D'accord ; et maintenant je vais me rendre à mon poste, car je soupçonne Sigismond de m'accuser déjà d'avoir oublié ma promesse.

Ils allèrent ensemble à la porte, et Sigismond céda les armes et son poste au jeune Anglais à la première sommation, confirmant ainsi l'opinion qu'on avait de lui en général, qu'il était le plus indolent et le moins actif de tous les enfans de Biederman. Rodolphe ne put cacher son mécontentement.

— Que dirait le Landamman, lui demanda-t-il, s'il te voyait céder ainsi tes armes et ton poste à un étranger ?

— Il dirait que j'ai bien fait, répondit Sigismond sans s'intimider, car il nous recommande toujours de laisser faire à l'étranger tout ce que bon lui semble, et Arthur est sur ce pont de sa propre volonté ; je ne le lui ai pas demandé. Ainsi donc, mon bon Arthur, puisque vous préférez un air froid et le clair de lune à du foin bien chaud et à un bon sommeil, j'y consens de tout mon cœur. Maintenant, écoutez votre consigne. Vous devez arrêter quiconque entrera, ou voudra entrer dans le château, à moins qu'il ne vous donne le mot d'ordre. Mais vous laisserez sortir ceux de nos amis que vous connaissez, sans les questionner et sans donner l'alarme, parce que la députation peut avoir besoin d'envoyer des messagers au dehors.

— Que la peste t'étouffe, fainéant! s'écria Rodolphe, tu es le seul paresseux de tous tes frères.

— En ce cas, je suis le seul qui soit sage. Écoutez, brave Hauptman : vous avez soupé ce soir, n'est-ce pas?

— C'est une preuve de sagesse, sot hibou, que de ne pas aller à jeun dans la forêt.

— Si c'est une sagesse de manger quand on a faim, répliqua Sigismond, ce ne peut être une folie de dormir quand on a sommeil. A ces mots, la sentinelle relevée, après avoir bâillé deux ou trois fois, rentra dans le château en boitant, prouvant ainsi la réalité de l'entorse dont elle se plaignait.

— Il y a pourtant de la force dans ces membres indolens, dit Rodolphe, et cet esprit lent et engourdi ne manque pas de courage. Mais tandis que je critique les autres, j'oublie qu'il est temps que je commence moi-même ma tâche. Ici, camarades, ici.

Le Bernois accompagna ces mots d'un coup de sifflet, qui fit sortir du château six jeunes gens qu'il avait désignés pour le suivre, et qui, ayant soupé à la hâte, n'attendaient que son signal. Ils avaient avec eux deux grands limiers, qui, quoique principalement dressés à la chasse, étaient excellens pour découvrir les embuscadès, et c'était pour cet objet qu'on les emmenait. Un de ces animaux était tenu en lesse par un jeune homme, qui, formant l'avant-garde, marchait à environ trente à quarante pas en avant des autres. Le second appartenait à Donnerhugel, et obéissait à tous ses ordres avec une docilité sans égale. Trois de ses compagnons suivaient Rodolphe, et les deux autres se tenaient à quelques pas en arrière, l'un d'eux portant une corne suisse pour donner l'alarme en cas de besoin. Ce petit détachement traversa le fossé par le moyen du pont qu'on y avait jeté tout récemment, et s'avança vers la forêt voisine du château, et dont la lisière devait probablement cacher les embuscades, si l'on avait à en craindre. La lune était alors levée et presque dans son plein, et de la hauteur sur laquelle le château était situé, Arthur, à la faveur de la lueur argentée de cet astre, put suivre des yeux leur marche lente et circonspecte, jusqu'au moment où ils disparurent dans l'épaisseur de la forêt.

Lorsque cet objet eut cessé d'attirer ses regards, ses pensées, pendant sa faction solitaire, se reportèrent sur Anne de Geierstein, et sur la singulière expression de chagrin et de crainte qui s'était répandue sur ses beaux traits pendant cette soirée; et la rougeur qui avait fait disparaître un instant de sa physionomie la pâleur de l'affliction et de la terreur, au moment où leurs yeux s'étaient rencontrés, était-ce terreur, modestie, quelque sentiment plus doux et plus tendre? Le jeune Philipson, qui, comme l'écuyer d'un des contes de Chaucer, était aussi modeste qu'une jeune fille, n'osait interpréter ce symptôme d'émotion d'une manière aussi favorable que l'aurait fait sans scrupule un galant plus rempli d'amour-propre. Ni le lever ni le coucher du soleil n'avaient jamais offert à ses yeux des teintes aussi douces que celles qui avaient orné les joues de la jeune Helvétienne, et qui étaient encore présentes à son imagination. Il ne cessait de multiplier les interprétations des signes d'intérêt qu'avait montrés la physionomie d'Anne de Geierstein. Jamais visionnaire, jamais poète ne prêta autant de formes bizarres aux nuages.

Cependant, au milieu de ces réflexions, une pensée soudaine se présenta à son esprit. Que lui importait de connaître la cause du trouble dont elle était agitée? Il n'y avait pas encore bien long-temps qu'ils s'étaient vus pour la première fois ; ils devaient avant peu se séparer pour toujours ; il ne devait être pour elle que le souvenir d'une charmante vision ; et il ne devait conserver une place dans sa mémoire que comme un étranger qui avait passé quelques jours chez son oncle, pour n'y plus reparaître. Quand cette pensée se présenta à la suite des idées romanesques qui l'occupaient, ce fut comme le coup de harpon qui fait sortir la baleine de son état de torpeur et lui imprime tout à coup un mouvement violent. Le passage cintré sous lequel il était en faction lui parut subitement trop étroit pour lui ; il traversa le pont de bois à la hâte, et courut se placer sur le terrain en face de la tête du pont qui en soutenait l'extrémité.

Là, sans s'écarter du poste sur lequel, en sa qualité de sentinelle, il était de son devoir de veiller, il se promena rapidement et à grands pas, comme s'il eût fait vœu de prendre le plus d'exercice possible sur un terrain si limité. Cette marche, continuée quelque temps, produisit l'effet de calmer son esprit, et de le faire rentrer en lui-même ; il se rappela les nombreuses raisons qui devaient l'empêcher d'accorder son attention, et surtout son affection, à cette jeune personne, quelque séduisante qu'elle fût.

— Il me reste certainement assez de bon sens, se dit-il à lui-même en ralentissant le pas et en appuyant sur son épaule sa lourde pertuisane, pour me souvenir de ma situation et de mes devoirs, pour songer à mon père, à qui je tiens lieu de tout, pour penser au déshonneur dont je me couvrirais si j'étais capable de chercher à gagner l'affection d'une jeune fille dont le cœur est plein de franchise et de confiance, et à qui je ne pourrais consacrer ma vie en retour de ses sentimens. Mais non, elle m'oubliera bientôt, et je tâcherai de ne me souvenir d'elle que comme d'un songe agréable qui a embelli un instant une nuit pleine de périls, telle que ma vie semble destinée à l'être.

En parlant ainsi, il s'arrêta tout à coup, et tandis qu'il s'appuyait sur son arme, une larme s'échappa de ses yeux, sans être essuyée. Mais il combattit cet accès de sensibilité, comme il avait lutté autrefois contre des passions plus fières et plus ardentes. Secouant l'accablement d'esprit et l'abattement qu'il sentait se glisser dans son cœur, il reprit l'air et l'attitude d'une sentinelle attentive, et fixa ses idées sur les devoirs qu'il avait à remplir, et qu'au milieu du tumulte de son agitation il avait presque oubliés. Mais quel fut son étonnement quand, en levant les yeux, il vit, au clair de la lune, passer devant lui, sortant du château, se dirigeant vers la forêt, un être vivant qui lui offrit l'image d'Anne de Geierstein.

CHAPITRE X.

> « Qui sait s'il dort, ou s'il est éveillé ?
> « Un songe clair, distinct, bien détaillé.
> « Quand nous dormons, à tel point nous abuse,
> « Que nous croyons que c'est la vérité ;
> « Et nous avons, en veillant, quelque excuse
> « Pour ne pas croire à la réalité
> « De plus d'un fait que notre œil incrédule
> « Juge impossible, absurde, ridicule. »
>
> ANONYME.

L'apparition d'Anne de Geiersten passa devant son amant, ou son admirateur du moins, en moins de temps que nous ne pouvons le dire à nos lecteurs ; à l'instant même où le jeune Anglais faisait un effort pour sortir de son accablement, et qu'il levait la tête avec l'air de vigilance convenable à une sentinelle,

elle venait de traverser le pont, et passant à quelques pas du factionnaire, sans jeter même un regard sur lui, elle s'avança d'un pas ferme et rapide vers la lisière du bois.

Quoique Arthur eût pour consigne de n'empêcher personne de sortir du château, et de n'arrêter que ceux qui se présenteraient pour y entrer, il aurait été assez naturel, ne fût-ce que par civilité, qu'il eût adressé quelques mots à la jeune fille qui venait de passer devant son poste; mais elle avait paru devant ses yeux si subitement, qu'il en perdit un moment le mouvement et la parole. Il lui semblait que son imagination avait évoqué un fantôme présentant à ses sens la forme et les traits de celle qui occupait ses pensées, et il garda le silence, en partie au moins dans l'idée que l'être qu'il voyait était immatériel et n'appartenait pas à ce monde.

Il n'aurait pas été moins naturel qu'Anne de Geierstein eût témoigné, par un signe quelconque, qu'elle reconnaissait le jeune homme qui avait passé avec elle un temps assez considérable sous le toit de son oncle; avec qui elle avait dansé bien des fois, et qui avait été son compagnon dans tant de promenades; mais elle ne donna pas la moindre marque qu'elle le reconnût, elle ne le regarda même pas en passant; ses regards étaient fixés vers le bois, et elle s'avançait de ce côté d'un pas ferme et agile; enfin elle était cachée par les arbres avant qu'Arthur eût recouvré assez de présence d'esprit pour prendre un parti sur ce qu'il devait faire.

Son premier mouvement fut de se reprocher de

l'avoir laissée passer sans la questionner, quand il pouvait le faire, sur les motifs qui lui faisaient entreprendre une course si extraordinaire, à une pareille heure, et dans un lieu tel qu'il eût été en état de lui donner des secours ou du moins des avis. Ce sentiment l'emporta tellement d'abord sur toute autre considération, qu'il courut vers l'endroit où il avait vu disparaître le bout de sa robe; et l'appelant aussi haut que le lui permettait la crainte qu'il avait de jeter l'alarme dans le château, il la supplia de revenir et de l'écouter un seul instant. Il ne reçut aucune réponse; et quand les branches des arbres commencèrent à se croiser sur sa tête et à refuser un passage aux rayons de la lune, il se souvint enfin qu'il oubliait son poste, et qu'il exposait ses compagnons de voyage, comptant sur sa vigilance, au danger d'une surprise.

Il retourna donc à la hâte près du pont, plongé dans un dédale plus inextricable de doute et d'inquiétude, qu'il ne l'avait été auparavant. Il se demanda vainement dans quel dessein une jeune fille si modeste, dont les manières étaient si franches, dont la conduite lui avait toujours paru si délicate et si réservée, sortait seule à minuit, comme une demoiselle errante d'un roman de chevalerie, tandis qu'elle se trouvait dans un pays étranger, et dans un voisinage suspect. Cependant il repoussait, comme un blasphème, toute interprétation qui aurait pu jeter du blâme sur Anne de Geiersten; il la jugeait incapable de rien faire qui dût faire rougir un ami. Mais rapprochant l'état d'agitation dans lequel il l'avait vue pendant la soirée, du fait extraordinaire de son excursion hors du château, seule, sans aucune défense, à une pareille heure, il en conclut nécessairement qu'elle devait avoir eu pour agir ainsi quelque motif très-puissant et probablement désagréable.

— J'épierai son retour, se dit-il intérieurement, et, si elle m'en donne l'occasion, je l'assurerai qu'il existe auprès d'elle un cœur fidèle et sincère, qui, par honneur et par reconnaissance, verserait jusqu'à la dernière goutte de son sang pour lui épargner le moindre désagrément. Ce n'est point un vain transport romanesque que le bon sens aurait droit de me reprocher, ce n'est que ce que je dois faire, ce qu'il faut que je fasse, si je veux mériter le titre d'homme d'honneur.

Cependant, à peine Arthur se crut-il bien affermi dans une résolution à laquelle il ne trouvait aucune objection, que ses idées prirent un autre cours. Il réfléchit qu'Anne avait pu désirer d'aller à Bâle, suivant l'invitation qui lui en avait été faite la soirée précédente, son oncle ayant des amis dans cette ville. A la vérité, c'était choisir une heure singulière pour exécuter ce dessein ; mais il savait qu'en Suisse les jeunes filles ne craignent pas de marcher seules, même pendant la nuit; et que, pour aller voir une amie malade, ou dans quelque autre intention, Anne aurait été seule, au clair de la lune, au milieu de ses montagnes, à une distance bien plus considérable que celle qui existait entre le pavillon de chasse et la ville de Bâle. La forcer de le prendre pour confident, pouvait donc être un acte d'impertinence et non une preuve d'affection. D'ailleurs elle avait passé presque à son côté, sans faire la moindre attention à sa présence; il était donc évident qu'elle n'avait pas dessein de lui accorder sa confiance, et probablement elle ne courait aucun danger que son aide pût détourner. En un tel cas ce que devait faire un homme d'honneur, c'était de la laisser rentrer au château comme elle en était sortie, sans avoir l'air de la voir, sans lui faire aucune question, et de la laisser maîtresse de lui parler, ou non, comme elle le jugerait à propos.

Une autre idée, enfantée par le siècle dans lequel il vivait, lui passa aussi par l'esprit, mais sans y faire beaucoup d'impression. Cette forme si parfaitement semblable à Anne de Geierstein, pouvait être une illusion de ses yeux, ou une de ces apparitions dont on racontait tant d'histoires dans tous les pays, et dont la Suisse et l'Allemagne avaient leur bonne part; le sentiment secret et indéfinissable qui l'avait empêché de lui parler, comme il aurait été naturel qu'il le fît, s'expliquait aisément en supposant que les sens d'un mortel s'étaient refusés à une rencontre avec un être d'une nature différente. Quelques expressions du magistrat de Bâle tendaient aussi à faire croire que le château était hanté par des êtres d'un autre monde. Mais quoique la croyance générale aux apparitions des esprits empêchât Arthur d'être tout-à-fait incrédule sur ce sujet, les instructions de son père, homme aussi distingué par son bon sens que par son intrépidité, lui avaient appris à n'attribuer à une intervention surnaturelle rien de ce qui pouvait s'expliquer par des causes ordinaires. Il bannit donc sans difficulté tout sentiment de crainte superstitieuse qui s'attachât un instant à cette aventure nocturne. Enfin il résolut de ne plus se livrer à des conjectures dans lesquelles il ne puisait que de nouveaux motifs d'inquiétude, et d'attendre avec fermeté, sinon avec patience, le retour de sa belle vision; retour qui, s'il n'expliquait pas complètement le mystère, semblait du moins le seul moyen d'y jeter quelque jour.

Ayant adopté cette résolution, il continua de se promener à son poste, les yeux toujours fixés sur la partie du bois où il avait vu disparaître cette forme chérie, oubliant un instant qu'il était en faction pour autre chose que pour épier le moment de son retour. Il sortit de cette rêverie en entendant du côté de la forêt un bruit qui lui parut un cliquetis d'armes. Rappelé sur-le-champ au sentiment de ses devoirs, dont il sentait l'importance pour son père et ses compagnons de voyage, Arthur se posta sur le pont, assez étroit pour qu'on pût y faire quelque résistance, et mit toute son attention à s'assurer si quelque danger menaçait le château. Le bruit des pas et des armes approchait; il vit briller, au clair de lune, sur la lisière du bois, des casques et des javelines; mais la grande taille de Rodolphe Donnerhugel, qui marchait en tête de ses compagnons, fit reconnaître à notre sentinelle que c'était la patrouille qui rentrait. Lorsqu'elle approcha du pont, le qui-vive, le mot d'ordre, en un mot toutes les formes d'usage, furent observés. Rodolphe fit défiler sa troupe sur le pont, et donna ordre qu'on éveillât sur-le-champ ceux qui devaient composer la seconde patrouille, et qu'on fît relever de garde Arthur Philipson, le temps de sa faction étant alors expiré, comme l'eût attesté au besoin l'horloge de la cathédrale de la ville de Bâle, dont le son se prolongeant à travers les champs et par-dessus la forêt, fit entendre les douze heures de minuit.

—Et maintenant, camarade, dit Rodolphe à Arthur, l'air froid et une longue faction vous ont peut-être donné l'envie de prendre quelque nourriture et de vous reposer. Êtes-vous encore dans l'intention de faire une ronde avec nous?

Au fond du cœur, Arthur aurait préféré rester où il était, afin de voir revenir Anne de Geierstein de son excursion mystérieuse; mais il ne lui était pas facile d'en trouver le prétexte, et il ne voulait pas donner au fier Donnerhugel le moindre soupçon qu'il fût moins robuste et moins en état d'endurer la fatigue qu'aucun des grands montagnards dont il était en ce moment le compagnon. Il n'hésita donc pas un instant, et remettant sa pertuisane à l'indolent Sigismond, qui arriva en bâillant et en étendant les bras, comme un homme dont le sommeil vient d'être interrompu à son grand regret, au moment où il jouissait du repos le plus doux et le plus profond, il répondit à Rodolphe qu'il était toujours disposé à faire avec lui une reconnaissance. Les jeunes gens qui devaient former la patrouille ne tardèrent pas à arriver. Parmi eux se trouvait Rudiger, fils aîné du Landamman d'Underwald. Le champion bernois se mit à leur tête, et lorsqu'ils furent arrivés près de la lisière de la forêt, il ordonna à trois de ses gens de suivre Rudiger.

— Vous ferez votre ronde du côté gauche, dit Rodolphe à Rudiger; je ferai la mienne par la droite, et nous nous rejoindrons gaîment à l'endroit convenu. Prenez un des chiens avec vous; je garderai Wolf-Fanger; il courra sur un Bourguignon aussi bien que sur un ours.

Rudiger, avec ses trois hommes, partit du côté gauche, suivant l'ordre qu'il venait de recevoir, et Rodolphe ayant envoyé en avant un des deux jeunes gens qui lui restaient, et placé l'autre en arrière, forma avec Arthur le corps du centre. Ayant eu soin de les placer à une assez grande distance pour qu'il pût converser librement avec son compagnon, Rodolphe lui adressa la parole avec le ton de familiarité que permettait leur amitié récente.

— Eh bien! roi Arthur, que pense Sa Majesté d'Angleterre de nos jeunes Helvétiens? croyez-vous, noble prince, qu'ils puissent remporter un prix dans une joute ou dans un tournoi, faut-il les ranger parmi les chevaliers couards de Cornouailles?

— S'il s'agit de joutes et de tournois, dit Arthur, je ne puis vous répondre, car je n'ai jamais vu aucun de vous monté sur un palefroi, et tenant une lance en arrêt. Mais s'il faut prendre en considération des membres robustes et des cœurs intrépides, je dirai que vos braves Suisses peuvent faire face à qui que ce soit, dans tout pays où l'on fait cas de la force ou de la valeur.

— C'est bien parler, jeune Anglais, reprit Rodolphe;

mais sachez que nous n'avons pas moins bonne opinion
de vous, et je vous en donnerai la preuve tout à l'heure.
Vous venez de parler de chevaux; je ne m'y connais
guère, mais je présume que vous n'achèteriez pas un
coursier que vous n'auriez vu que sous ses harnais et
chargé d'une selle et d'une bride, et que vous voudriez
le voir à nu et dans son état naturel de liberté.

— Oui, bien certainement, répondit Arthur, vous
parlez comme si vous étiez né dans le comté d'York,
qu'on appelle la plus joyeuse partie de la joyeuse Angleterre.

— En ce cas, je vous dirai, ajouta Donnerhugel, que
vous n'avez encore vu qu'à demi nos jeunes Suisses,
puisque vous ne les avez encore vus que comme des êtres
aveuglément soumis aux volontés des vieillards de leurs
Cantons, ou tout au plus dans leurs amusemens sur
leurs montagnes. Vous avez donc pu remarquer leur
force et leur agilité, mais vous ne pouvez connaître le
courage et la fermeté d'esprit qui dirigent cette force et
cette agilité dans les grandes entreprises.

Le Suisse, en faisant ces remarques, avait peut-être
dessein d'exciter la curiosité du jeune Anglais; mais
Arthur avait trop constamment présentes à sa pensée
l'image et la forme d'Anne de Geierstein, telle qu'il
l'avait vue passer devant lui pendant qu'il était en faction, pour se livrer volontairement à un sujet d'entretien totalement étranger aux idées qui l'occupaient. Il
eut donc besoin de faire un effort sur lui-même pour
répondre en peu de mots avec civilité qu'il n'avait nul
doute que son estime pour les Suisses, jeunes gens ou

vieillards, n'augmentât encore à mesure qu'il les connaîtrait mieux.

Il n'en dit pas davantage, et Donnerhugel, trompé peut-être dans son attente en voyant qu'il n'avait pas réussi à exciter sa curiosité, marcha en silence à côté de lui. Arthur, pendant ce temps, réfléchissait s'il parlerait à son compagnon de la circonstance qui occupait exclusivement son esprit, dans l'espoir que le parent d'Anne de Geierstein, l'ancien ami de toute sa famille, pourrait jeter quelque jour sur ce mystère.

Il éprouvait pourtant une répugnance invincible à s'entretenir avec le jeune Suisse d'un sujet qui concernait Anne de Geierstein. Que Rodolphe eût des prétentions à ses bonnes graces, c'était ce dont il était presque impossible de douter; et quoique Arthur, si la question en eût été faite, eût dû, pour être d'accord avec lui-même, déclarer qu'il n'avait pas dessein d'entrer en rivalité avec lui, cependant il ne pouvait supporter l'idée qu'il fût possible que son rival réussît, et ce n'aurait même été qu'avec un mouvement d'impatience qu'il aurait entendu le nom d'Anne sortir de sa bouche.

Peut-être était-ce par suite de cette irritabilité secrète qu'Arthur éprouvait encore un éloignement invincible pour Rodolphe Donnerhugel, quoiqu'il fît tous ses efforts pour cacher ce sentiment, et même pour le vaincre. La familiarité franche mais un peu grossière du jeune Suisse, était jointe à un certain air de hauteur et de protection qui ne convenait nullement à la fierté de l'Anglais. Il répondait aux avances du Bernois avec une

égale franchise, mais il était souvent tenté de réprimer
le ton de supériorité dont elles étaient accompagnées.
L'événement de leur combat n'avait pas donné à Rodolphe le droit de prétendre aux honneurs du triomphe,
et Arthur ne se regardait pas comme compris dans le
nombre des jeunes gens que Rodolphe commandait en
ce moment par suite de leur consentement unanime.
Philipson aimait si peu cette affectation de supériorité
que le titre de roi Arthur qu'on lui donnait en plaisan-
tant, et qui lui était parfaitement indifférent dans la
bouche des enfans de Biederman, lui paraissait presque
offensant quand Rodolphe prenait la liberté de le lui
appliquer. Il se trouvait donc dans la situation peu
agréable d'un homme intérieurement mécontent, et
qui n'a aucun prétexte pour laisser percer son mécontentement. Sans doute la source de cette antipathie
secrète était un sentiment de rivalité; ce sentiment,
quoique Arthur craignît de se l'avouer à lui-même,
eut cependant assez de force pour l'empêcher de parler à Rodolphe de l'aventure nocturne qui l'intéressait
tellement. Comme il avait laissé tomber la conversation entamée par le jeune Suisse, ils marchèrent quelque
temps en silence, la barbe sur l'épaule, comme disent
les Espagnols, c'est-à-dire regardant sans cesse à droite
et à gauche, et s'acquittant ainsi avec vigilance des
devoirs qu'ils avaient à remplir.

Enfin, après qu'ils eurent fait environ un mille à travers les champs et dans la forêt, en décrivant autour
des ruines de Graff's-lust un segment de cercle assez
étendu pour s'assurer qu'il ne pouvait exister aucune

embuscade entre le château et l'endroit où ils se trouvaient, le vieux chien, conduit par la vedette qui était en avant, s'arrêta tout à coup et gronda sourdement.

— Eh bien! Wolf-Fanger, dit Rodolphe en s'approchant de lui, qu'y a-t-il donc, vieux coquin? Est-ce que tu ne sais pas distinguer les amis des ennemis? Voyons, réfléchis-y une seconde fois; il ne faut pas perdre ta réputation à ton âge. Allons, sens-tu quelque piste?

Le chien leva le nez en l'air, comme s'il eût parfaitement compris ce que lui disait son maître, en secouant la tête et en remuant la queue, comme pour lui répondre.

— Tu le vois bien à présent, dit Donnerhugel en lui passant la main sur le dos; les secondes pensées valent de l'or. Tu vois que c'est un ami, après tout.

Le chien remua encore la queue, et se remit à marcher en avant sans montrer plus d'inquiétude. Rodolphe revint près de son ami.

— Je présume que nous allons rencontrer nos compagnons, dit Arthur; et les sens du chien, plus parfaits que les nôtres, l'en avertissent.

— Il serait difficile que ce fût déjà Rudiger, répondit le Bernois, car la portion de terrain qu'il doit reconnaître autour du château a une circonférence plus étendue que celle que nous venons de parcourir. Cependant il y a quelqu'un dans les environs, car j'entends encore gronder Wolf-Fanger. Regardez-bien de tous côtés.

Tandis que Rodolphe recommandait à son compa-

gnon d'être sur le qui-vive, ils entraient dans une grande clairière où étaient épars, à une distance considérable les uns des autres, quelques vieux pins d'une taille gigantesque, et dont la cime étalant au clair de lune de larges branches, faisait paraître leurs troncs plus gros et plus noirs qu'ils ne l'étaient réellement.
— Ici, dit Rodolphe, nous avons du moins l'avantage de voir distinctement tout ce qui pourra s'approcher de nous. Mais je présume, ajouta-t-il après avoir jeté un coup d'œil autour de lui, qu'un daim ou un loup a passé ici, et que c'est sa piste que le chien a sentie. Attendez, le voilà qui s'arrête; oui, oui, il faut que ce soit cela; il se remet en marche.

Le chien continua effectivement à marcher, après avoir donné quelques signes d'incertitude, et même d'alarmes. Cependant il parut se rassurer, et ne montra plus aucun symptôme d'inquiétude.

— Cela est étrange, dit Arthur, et cependant il me semble que je viens de voir remuer quelque chose près de ce buisson, là-bas, où quelques épines et quelques noisetiers, autant que j'en puis juger, croissent autour de trois ou quatre grands arbres.

— J'ai eu les yeux fixés sur ce buisson depuis cinq minutes, et je n'ai rien aperçu.

— Quoi que ce puisse être, je suis sûr d'y avoir vu quelque chose, pendant que vous vous occupiez du chien. Avec votre permission, j'irai reconnaître ce buisson.

— Si vous étiez tout-à-fait sous mes ordres, je vous le défendrais; car si ce sont des ennemis, il est important de ne pas nous séparer. Mais vous êtes un volontaire, et par conséquent maître de vos mouvemens.

— Je vous remercie, répondit Arthur, et il s'élança en avant.

Il sentait pourtant qu'en agissant ainsi il ne suivait ni les règles de la politesse, comme particulier, ni peut-être celles de la subordination comme soldat, et qu'il aurait dû obéir au chef de la troupe dans laquelle il s'était enrôlé quoique volontairement. Mais, d'une autre part, l'objet qu'il avait vu, quoique de loin et imparfaitement, lui avait paru ressembler à Anne de Geierstein, telle qu'elle avait disparu à ses yeux, une ou deux heures auparavant, sur la lisière de la forêt; et une curiosité irrésistible le portant à vouloir s'assurer si c'était véritablement elle, ne lui permit d'écouter aucune autre considération.

Avant que Rodolphe eût eu le temps de lui répliquer, Arthur était à mi-chemin du buisson. Il n'était composé, comme il en avait jugé de loin, que de quelques arbustes peu élevés, et derrière lesquels on n'aurait pu se cacher qu'en s'accroupissant par terre. Tout objet blanc, ayant la taille et la forme humaine, devait donc se faire aisément découvrir, à travers le feuillage peu épais de ces arbrisseaux. A ces observations se mêlaient d'autres pensées. Si c'était Anne de Geierstein qu'il avait vue une seconde fois, il fallait qu'elle eût quitté le chemin plus découvert, probablement dans le dessein de ne pas être aperçue; et quel droit, quel titre avait-il, pour attirer sur elle l'attention de la patrouille? Il croyait avoir remarqué qu'en général cette jeune personne, bien loin d'encourager les attentions de Rodolphe Donnerhugel, semblait chercher à s'y soustraire, et qu'elle ne faisait que les endurer quand la politesse ne lui permettait pas de les rejeter entièrement. Était-il donc convenable qu'il la troublât dans une excursion secrète, que l'heure et le lieu rendaient fort étrange, mais que, pour cette raison même, elle ne désirait peut-être que davantage de cacher à un homme qui lui était désagréable. N'était-il même pas possible que Rodolphe trouvât un moyen de faire valoir ses prétentions, dans la connaissance qu'il aurait acquise de ce que cette jeune personne désirait couvrir du voile du secret?

Tandis que ces pensées occupaient son esprit, Arthur s'arrêta, les yeux toujours fixés sur le buisson, dont il n'était plus alors qu'à une cinquantaine de pas, et quoiqu'il l'examinât avec toute l'attention que lui inspiraient ses doutes et ses inquiétudes, un autre mouvement le portait à penser que le parti le plus sage qu'il pût prendre était de retourner vers ses compagnons, et de dire à Rodolphe que ses yeux l'avaient trompé.

Mais pendant qu'il était encore indécis sur ce qu'il devait faire, l'objet qu'il avait déjà vu se montra de nouveau à côté du buisson, s'avança vers lui en ligne droite, et lui offrit comme la première fois, les traits et le costume d'Anne de Geierstein. Cette vision, car le temps, le lieu et la vue subite de cette apparition lui firent prendre cet objet pour une illusion plutôt que pour une réalité, frappa Arthur d'une surprise qui allait presque jusqu'à la terreur : elle passa à quelques pas de lui, sans qu'il eût la force ou la présence d'esprit de lui adresser la parole, et sans qu'elle eût l'air de le reconnaître ou de le voir; et dirigeant sa marche sur la droite de Rodolphe et de ses deux compagnons, elle disparut de nouveau dans les arbres.

Des doutes de plus en plus inexplicables assaillirent l'esprit du jeune Anglais, et il ne sortit de l'état de stupeur dans lequel il était tombé, qu'en entendant la voix de Rodolphe, qui lui disait :

— Eh bien, roi Arthur, dormez-vous, êtes-vous blessé?

— Ni l'un ni l'autre; je suis seulement au comble de la surprise.

— De la surprise! et pourquoi, très-royal.....

— Trêve de plaisanteries, s'écria Arthur avec quelque impatience, et répondez-moi très-sérieusement. L'avez-vous vue? Ne l'avez-vous pas rencontrée?

— Vu! rencontré! Je n'ai vu ni rencontré personne, et j'aurais juré que vous pouviez en dire autant; car j'ai toujours eu les yeux sur vous, excepté un instant ou deux. Mais si vous avez vu quelqu'un, pourquoi n'avez-vous pas donné l'alarme?

— Parce que ce n'était qu'une femme, répondit faiblement Arthur.

— Une femme! répéta Donnerhugel avec un ton de mépris; sur ma parole, roi Arthur, si je n'avais vu jaillir de vous de bonnes étincelles de valeur, je serais porté à croire que vous n'avez vous-même que le courage d'une femme. Il est bien étrange qu'une ombre pendant la nuit, un précipice pendant le jour, fassent trembler un esprit aussi audacieux que celui que vous avez montré quand...

— Et que je montrerai toujours quand l'occasion l'exigera, s'écria l'Anglais, recouvrant sa présence d'esprit; mais je vous jure que, si vous m'avez vu un instant déconcerté, ce n'est la crainte d'aucun objet terrestre qui y a donné lieu.

— Remettons-nous en marche, dit Rodolphe; nous ne devons pas négliger la sûreté de nos amis. Ce dont vous parlez pourrait bien n'être qu'une ruse pour nous interrompre dans l'exécution de notre devoir.

Ils traversèrent la clairière éclairée par la lune. Une minute de réflexion suffit pour rétablir l'équilibre dans l'esprit du jeune Philipson, et pour lui faire sentir avec peine qu'il venait de jouer un rôle ridicule et indigne de lui, en présence du dernier homme qu'il aurait voulu avoir pour témoin de sa faiblesse.

Il se rappela les relations qui existaient entre lui, Donnerhugel, le Landamman, sa nièce, et le reste de cette famille, et malgré la résolution qu'il avait formée quelques instans auparavant, il resta convaincu qu'il était de son devoir de faire part au chef sous lequel il s'était placé, de l'étrange circonstance dont il avait été deux fois témoin dans le cours de cette nuit. Il pouvait y avoir des raisons de famille, l'exécution d'un vœu, par exemple, ou quelque motif semblable, qui expliquassent aux yeux de ses parens la conduite d'Anne de Geierstein. D'ailleurs il était en ce moment soldat, ayant des devoirs à remplir, et tout ce mystère pouvait couvrir des dangers qu'il était prudent de prévoir et de prévenir. Dans l'un ou dans l'autre cas, son compagnon avait droit d'être instruit de ce qu'il avait vu. On doit bien croire qu'Arthur adopta cette nouvelle résolution dans un moment où le sentiment de son devoir et la honte de la faiblesse qu'il avait montrée l'emportaient sur l'intérêt personnel qu'il prenait à Anne de Geierstein, intérêt qui pouvait aussi être refroidi par l'incertitude mystérieuse que les événemens de cette nuit avaient répandue, comme un épais nuage, autour de celle qui en était l'objet.

Tandis que les pensées du jeune Anglais prenaient cette direction, son capitaine, ou son compagnon, après quelques minutes de silence, lui adressa enfin la parole.

— Je crois, mon cher camarade, lui dit-il, qu'étant en ce moment votre officier, j'ai quelque droit à entendre de vous le rapport de ce que vous venez de voir; car il faut que ce soit quelque chose de très-important, pour avoir pu agiter si vivement un esprit aussi ferme que le vôtre. Si pourtant vous pensez que la sûreté générale permet de le différer jusqu'à notre retour au château, et que vous préfériez le faire au Landamman lui-même, vous n'avez qu'à m'en informer, et je ne vous presserai pas de m'accorder votre confiance, quoique je me flatte de ne pas en être indigne; je vous autoriserai même à nous quitter sur-le-champ, et à retourner au château.

Cette proposition toucha celui à qui elle était faite, précisément à l'endroit sensible. Une demande péremptoire de sa confiance aurait peut-être essuyé un refus, mais le ton de modération conciliante de Rodolphe se trouva à l'unisson avec les propres réflexions d'Arthur.

— Je sens parfaitement, Hauptman, lui dit-il, que je dois vous informer de ce que j'ai vu cette nuit; mais la première fois, mon devoir n'exigeait pas que je le fisse; et depuis que j'ai vu le même objet une seconde fois, j'ai été comme étourdi par une telle surprise, qu'à peine puis-je encore trouver des paroles pour l'exprimer.

— Comme je ne puis me figurer ce que vous avez vu, il faut que je vous prie de vous expliquer. Nous autres, pauvres Suisses, nous avons le crâne trop épais pour savoir deviner des énigmes.

— Ce que j'ai à vous rapporter, Rodolphe Donnerhugel, en est pourtant une véritable, et une énigme dont il m'est absolument impossible de trouver l'explication. Tandis que vous faisiez votre première patrouille autour des ruines, continua Arthur, quoique non sans hésiter, et pendant que j'étais en faction, une femme sortit du château, traversa le pont, passa à quelques pas de moi, sans me dire un seul mot, et disparut au milieu des arbres.

— Ah! s'écria Donnerhugel sans ajouter un mot de plus.

— Il y a cinq minutes, continua Arthur, cette même femme sortit de derrière ce petit buisson et ce groupe d'arbres, passa encore à peu de distance de moi sans me parler, et disparut de même dans la forêt, sur votre droite. Sachez en outre que cette apparition avait la forme, la marche, les traits et le costume de votre parente, d'Anne de Geierstein.

— Cela est assez singulier, dit Rodolphe avec un ton d'incrédulité; mais je présume que je ne dois pas douter de ce que vous me dites, car je vous ferais sans doute une injure mortelle; tel est votre esprit de chevalerie dans le Nord. Cependant vous me permettrez de vous dire que j'ai des yeux comme vous, et je ne crois pas vous avoir perdu de vue une minute. Nous n'étions guère qu'à cent pas de l'endroit où je vous ai trouvé plongé dans une stupeur profonde; comment se fait-il donc que nous n'ayons pas vu de même ce que vous dites et ce que vous croyez avoir vu?

— C'est une question à laquelle je ne puis répondre. Peut-être vos yeux n'étaient-ils pas tournés vers moi pendant le peu d'instans que j'ai vu cette forme humaine : peut-être aussi, comme on dit que cela arrive quelquefois lors des apparitions surnaturelles, n'était-elle visible que pour une seule personne.

— Vous supposez donc que cette apparition était imaginaire, surnaturelle?

— Que vous dirai-je? L'Église nous apprend que cela peut arriver; et certes il est plus naturel de croire que cette apparition est une illusion, que de supposer qu'Anne de Geierstein, jeune fille modeste et bien élevée, soit à courir dans les bois, seule et à une pareille heure, quand le soin de sa sûreté et les convenances doivent l'obliger à rester dans sa chambre.

— Il y a du vrai dans ce que vous dites; et cependant il court des bruits, quoique peu de gens se soucient d'en parler, qui semblent prouver qu'Anne de Geierstein n'est pas tout-à-fait ce que sont les autres jeunes filles, et qu'on l'a rencontrée, en corps et en esprit, dans des endroits où elle n'aurait guère pu arriver sans un secours étranger.

— Quoi! s'écria Arthur; si jeune, si belle, et déjà liguée avec l'ennemi du genre humain!

— Je ne dis pas cela, répondit le Bernois, mais je n'ai pas le temps en ce moment de m'expliquer plus clairement. En retournant au château je pourrai trouver l'occasion de vous en dire davantage. Mon principal but, en vous engageant à m'accompagner dans cette patrouille, a été de vous présenter à quelques amis que vous serez charmé de connaître, et qui désirent faire votre connaissance; et c'est ici que je dois les trouver.

A ces mots, il tourna autour d'une pointe de rocher, et une scène inattendue se présenta aux yeux du jeune Anglais.

Dans un coin ou réduit, abrité par la saillie du rocher, brillait un grand feu autour duquel étaient assis ou couchés une quinzaine de jeunes gens portant le costume suisse, mais décoré d'ornemens et de broderies qui réfléchissaient la lumière du feu, de même que les gobelets d'argent circulant de main en main et les flacons qui déjà commençaient à être vides. Arthur remarqua aussi les restes d'un banquet auquel il paraissait qu'on avait fait honneur tout récemment.

Les joyeux convives se levèrent avec empressement en voyant arriver Donnerhugel, que sa taille faisait aisément reconnaître, et ses compagnons. Ils le saluèrent, en lui donnant le titre d'Hauptman, avec toutes les démonstrations d'une vive affection, mais en s'abstenant avec soin de toute acclamation bruyante. Leur chaleureuse amitié annonçait que Rodolphe était le bien-venu parmi eux, tandis que leur précaution prouvait qu'il y venait en secret, et qu'il devait être reçu avec mystère.

Au bon accueil général qu'il reçut, il répondit : — Je vous remercie, mes braves camarades. Avez-vous vu Rudiger?

— Vous voyez qu'il n'est pas encore venu, brave capitaine, répondit un des jeunes gens; autrement nous l'aurions retenu jusqu'à votre arrivée.

— Il est en retard, dit le Bernois. Nous aussi nous avons éprouvé un délai, et cependant nous voici arrivés avant lui. Je vous amène, camarades, l'Anglais plein de bravoure dont je vous ai parlé comme d'un compagnon que nous devons désirer de nous associer dans notre projet audacieux.

— Il est le bien-venu, trois fois le bien-venu, dit un jeune homme à qui son costume d'un bleu d'azur, richement brodé, donnait un air d'autorité; encore mieux venu, s'il nous apporte un cœur et un bras disposés à prendre part à notre noble projet.

— Je vous réponds de lui sous les deux rapports, dit Donnerhugel; versez-nous du vin; et buvons au succès de notre glorieuse entreprise, et à la santé de notre nouvel associé.

Tandis qu'on remplissait les coupes d'un vin d'une qualité fort supérieure à tous ceux qu'Arthur avait bus jusqu'alors dans ce pays, il jugea à propos, avant de s'engager plus avant, de savoir quel était l'objet secret de l'association qui paraissait désirer de le compter parmi ses membres.

—Avant de vous offrir mes faibles services, Messieurs, dit-il, puisque vous voulez bien y attacher quelque prix, vous me permettrez de vous demander le but et le caractère de l'entreprise à laquelle je dois prendre part.

—Devais-tu l'amener ici, dit le cavalier en bleu à Rodolphe, sans lui avoir donné tous les renseignemens nécessaires à ce sujet?

—Que cela ne t'inquiète pas, Lawrenz, répondit Donnerhugel; je connais mon homme. Sachez donc, mon cher ami, continua-t-il en s'adressant à Arthur, que mes camarades et moi nous sommes déterminés à proclamer sur-le-champ la liberté du commerce, et à résister jusqu'à la mort, s'il le faut, à toutes exactions illégales de la part de nos voisins.

—Je comprends cela, dit Arthur, et je sais que la députation actuelle se rend près du duc de Bourgogne pour lui faire des remontrances à ce sujet.

—Écoutez-moi, reprit Rodolphe: il est probable que la question sera décidée par les armes, long-temps avant que nous ne voyions les traits augustes et gracieux du duc de Bourgogne. Qu'on ait employé son influence pour nous fermer les portes de Bâle, ville neutre et faisant partie de l'empire germanique, c'est ce qui nous donne le droit de nous attendre au plus mauvais accueil quand nous arriverons sur ses domaines. Nous avons même tout lieu de croire que nous aurions déjà ressenti les effets de sa haine, si nous n'avions eu la précaution de faire bonne garde. Des cavaliers venant du côté de la Férette sont venus reconnaître nos postes cette nuit, et il n'y a nul doute que nous eussions été attaqués, s'ils ne nous avaient trouvés si bien sur nos gardes. Mais il ne suffit pas de leur avoir échappé aujourd'hui, il faut prendre garde à demain ; et c'est pour cette raison qu'un certain nombre des plus braves jeunes gens de la ville de Bâle, indignés de la pusillanimité de leurs magistrats, ont résolu de se joindre à nous pour effacer la honte dont la lâcheté et le manque d'hospitalité de ceux qui ont l'autorité en main, ont couvert le lieu de leur naissance.

—C'est ce que nous ferons avant que le soleil qui va se lever dans deux heures disparaisse du côté de l'occident, dit le jeune homme en bleu, et un murmure général annonça l'assentiment de tous ceux qui l'entouraient.

— Mes chers Messieurs, dit Arthur, profitant de l'instant où le silence se rétablit, permettez-moi de vous rappeler que l'ambassade est partie dans des vues pacifiques, et que ceux qui composent son escorte doivent éviter tout acte qui pourrait tendre à aigrir les esprits, quand il s'agit de les concilier. Vous ne pouvez vous attendre à de mauvais procédés dans les domaines du Duc, puisque le caractère d'envoyé est respecté dans tous les pays civilisés; et je suis sûr que vous ne voudrez vous-même vous en permettre que de louables.

— Nous pouvons être exposés à des insultes, quoi

qu'il en soit, s'écria Rodolphe; et cela à cause de vous et de votre père, Arthur Philipson.

— Je ne vous comprends pas.

— Votre père est marchand, et il porte avec lui des marchandises qui occupent peu de place, mais qui sont d'un grand prix.

— Sans doute, mais qu'en résulte-t-il?

— Morbleu! je veux dire que si l'on n'y prend garde, le chien d'attache du duc de Bourgogne héritera d'une bonne partie de vos soieries, de vos satins et de vos joyaux.

— Soieries, satins, joyaux! s'écria un des jeunes gens de Bâle; de telles marchandises ne passeront pas sans payer de droits, dans une ville où commande Archibald Von Hagenbach.

— Mes chers Messieurs dit Arthur, après un moment de réflexion, ces marchandises sont la propriété de mon père et non la mienne; c'est à lui, et non à moi, qu'il appartient de décider quelle partie il peut en sacrifier sous forme de péage plutôt que d'occasioner une querelle qui pourrait être aussi fâcheuse pour les compagnons qui l'ont reçu dans leur société que pour lui-même; tout ce que je puis dire, c'est qu'il a des affaires importantes à la cour de Bourgogne, et qui doivent lui faire désirer d'y arriver en paix avec tout le monde. Je suis même convaincu que, plutôt que d'encourir le danger d'une querelle avec la garnison de la Férette, il sacrifierait volontiers toutes les marchandises qu'il a en ce moment avec lui. Je vous demande donc, Messieurs, le temps de consulter son bon plaisir à ce sujet, vous assurant que si sa volonté est de se refuser au paiement des droits exigés au nom du duc de Bourgogne, vous trouverez en moi un homme bien déterminé à combattre jusqu'à la dernière goutte de son sang.

— Fort bien, roi Arthur, dit Rodolphe, vous êtes fidèle observateur du quatrième commandement, et vous obtiendrez de longs jours sur la terre. Ne croyez pas que nous négligions d'obéir au même précepte, quoique en ce moment nous nous regardions comme obligés, avant tout, à consulter les intérêts de notre patrie, qui est la mère commune de nos pères, comme de nous-mêmes. Mais comme vous connaissez notre respect pour le Landamman, vous ne devez pas craindre que nous l'offensions volontairement, en commettant des hostilités inconsidérées et sans quelque puissant motif; et une tentative de piller son hôte trouverait en lui une résistance capable d'aller jusqu'à la mort. J'avais espéré que vous et votre père, vous seriez disposés à vous offenser d'une pareille injure. Cependant si votre père trouve à propos de présenter sa toison pour être tondue par Archibald Von Hagenbach, dont il verra que les ciseaux savent la couper d'assez près, il serait inutile et impoli à nous d'offrir notre intervention. En attendant, vous avez l'avantage de savoir que si le gouverneur de la Férette ne se contente pas de la toison et qu'il veuille aussi votre peau, vous avez à votre portée des gens en plus grand nombre que vous ne le pensiez, que vous trouverez disposés à vous donner de prompts secours, et en état de le faire.

— A ces conditions, dit Arthur, je fais mes remerciemens à ces messieurs de la ville de Bâle, ou de quelque autre endroit qu'ils soient venus ; et je bois fraternellement à notre plus ample et plus intime connaissance.

— Santé et prospérité aux Cantons-Unis, et à leurs amis ! s'écria le jeune homme en bleu ; et mort et confusion à tous autres !

On remplit toutes les coupes, et au lieu d'acclamations et d'applaudissemens, les jeunes gens témoignèrent leur dévouement à la cause qu'ils avaient embrassée, en se serrant la main et en brandissant leurs armes, mais sans faire le moindre bruit.

— Ce fut ainsi, dit Rodolphe Donnerhugel, que nos illustres ancêtres, les fondateurs de l'indépendance de la Suisse, se réunirent dans le champ immortel de Rutli, entre Uri et Underwald. Ce fut ainsi qu'ils se jurèrent l'un à l'autre, sous la voûte azurée du ciel, qu'ils rendraient la liberté à leur pays opprimé ; et l'histoire nous apprend comment ils tinrent parole.

— Et elle apprendra un jour, ajouta le jeune homme en bleu, comment les Suisses actuels ont su conserver la liberté conquise par leurs pères. Continuez votre ronde, mon cher Rodolphe, et soyez sûr qu'au premier signal de l'Hauptman, les soldats ne seront pas bien loin. Rien n'est changé à nos arrangemens, à moins que vous n'ayez de nouveaux ordres à nous donner.

— Écoutez-moi un instant, Lawrenz, lui dit Rodolphe. Il le tira un peu à l'écart, mais Arthur l'entendit dire à son compagnon : — Ayez soin qu'on ne fasse aucun excès avec ce bon vin du Rhin. Si vous en avez une trop grande provision, cassez-en quelques flacons, comme par accident. Un mulet peut faire un faux pas, comme vous le savez. Méfiez-vous de Rudiger, à cet égard; il a pris le goût du vin depuis qu'il s'est joint à nous. Nos bras doivent être comme nos cœurs, prêts à tout pour demain.

Ils continuèrent à causer quelques instans, mais si bas, qu'Arthur n'entendit plus rien de leur conversation. Enfin ils se dirent adieu, et se serrèrent de nouveau la main comme pour se donner un gage solennel d'union intime.

Rodolphe et ses compagnons se remirent en marche; mais à peine avaient-ils perdu de vue ceux qu'ils venaient de quitter, que la vedette qui marchait en avant donna un signal d'alarme. Arthur sentit son cœur battre vivement. — C'est Anne de Geierstein, pensa-t-il.

— Mon chien est tranquille, dit Rodolphe; ceux qui s'approchent ne peuvent être que nos compagnons.

C'étaient effectivement Rudiger et son détachement. Les deux partis firent halte à quelques pas l'un de l'autre, et le mot d'ordre fut demandé et reçu pour la forme, tant les Suisses avaient déjà fait de progrès dans la discipline militaire, qui était encore presque inconnue par l'infanterie dans d'autres parties de l'Europe. Arthur entendit Rodolphe reprocher à son ami Rudiger de ne pas être arrivé à temps au rendez-vous convenu.

— Votre arrivée va encore les faire boire, dit-il, et il faut que le jour de demain nous trouve froids et fermes.

— Froids comme la glace, noble Hauptman, répondit le fils du Landamman, et fermes comme le rocher auquel elle est suspendue.

Rodolphe lui recommanda de nouveau la tempérance, et le jeune Biederman lui promit de suivre ses avis. Les deux détachemens se séparèrent en se donnant des signes muets d'amitié, et ils furent bientôt à une distance considérable l'un de l'autre.

Le pays était plus découvert du côté du château où étaient alors Rodolphe et Arthur, qu'en face du pont conduisant à la principale porte. Les clairières du bois étaient vastes, il ne se trouvait que quelques arbres dispersés çà et là sur les pâturages, et l'on n'y voyait ni buissons, ni ravins, ni rien qui pût servir à placer une ambuscade. La vue, à la faveur du clair de lune, commandait une grande étendue de terrain.

— Nous pouvons nous juger ici assez en sûreté pour causer, dit Rodolphe. Ainsi donc puis-je vous demander, roi Arthur, maintenant que vous nous avez vus de plus près, ce que vous pensez des jeunes Suisses? Si vous en avez appris moins que je le désirais, il faut vous en prendre à votre humeur peu communicative, qui nous a empêchés de vous accorder une confiance pleine et entière.

— Vous ne m'en avez privé qu'en tant que je n'aurais pu y répondre, et par conséquent je n'y avais nul droit. Quant au jugement que je me crois en état de porter, le voici en peu de mots : Vos projets sont nobles et élevés comme vos montagnes; mais l'étranger qui a toujours vécu dans la plaine n'est pas habitué aux sentiers tortueux que vous suivez pour les gravir. Mes pieds ont toujours été accoutumés à marcher en droite ligne sur un terrain uni.

— Vous me parlez en énigmes.

— Point du tout: je veux dire que je crois que vous devriez instruire les députés, qui sont, du moins de nom, les chefs de ces jeunes gens qui paraissent disposés à ne prendre d'ordres que d'eux-mêmes ; ne devez-vous pas les prévenir que vous vous attendez à une attaque dans le voisinage de la Férette, et que vous espérez avoir le secours de quelques habitans de Bâle ?

— Oui vraiment, et qu'en résulterait-il ? le Landamman ferait halte jusqu'au retour d'un messager qu'il enverrait au duc de Bourgogne pour en obtenir un sauf-conduit ; et s'il était accordé, adieu tout espoir de guerre.

— C'est la vérité ; mais le Landamman arriverait à son but principal, et remplirait le seul objet de sa mission, qui est l'établissement de la paix.

— La paix ! la paix ! s'écria le Bernois avec vivacité. Si j'étais le seul dont les désirs soient opposés à ceux d'Arnold Biederman, je connais si bien son honneur et sa bonne foi, j'ai un tel respect pour sa valeur et son patriotisme, qu'à sa voix je ferais rentrer ma lame dans le fourreau, quand même mon plus mortel ennemi serait devant moi. Mais mes désirs ne sont pas ceux d'un seul homme ; tout mon Canton, tout celui de Soleure, sont déterminés à la guerre. Ce fut par une guerre, par une noble guerre, que nos ancêtres secouèrent le joug d'une servitude insupportable. Ce fut par une guerre heureuse et glorieuse, qu'une race à laquelle on croyait à peine devoir penser autant qu'aux bœufs qu'elle conduisait, obtint sa liberté, acquit de l'importance, et fut honorée parce qu'on la craignait, autant qu'elle était méprisée quand elle n'offrait aucune résistance.

— Tout cela peut être très-vrai; mais, suivant moi, l'objet de votre mission a été déterminé par votre diète, ou chambre des communes. Elle a résolu de vous envoyer avec d'autres, comme des messagers de paix, et vous soufflez secrètement le feu de la guerre: tandis que tous vos collègues plus âgés, ou du moins la plupart d'entre eux, vont partir demain dans l'attente d'un voyage paisible, vous vous préparez au combat et vous cherchez même les moyens d'y donner lieu.

— Et n'ai-je pas raison de m'y préparer? Si nous recevons un accueil pacifique sur le territoire de Bourgogne, comme vous dites que les autres députés s'y attendent, mes précautions deviendront inutiles, mais du moins elles ne peuvent faire aucun mal. Cependant si le contraire arrive, elles serviront à préserver de grands malheurs mes collègues, mon parent Arnold Biederman, ma belle cousine Anne, vous-même et votre père, en un mot nous tous qui voyageons joyeusement ensemble.

— Il y a dans tout ceci, dit Arthur en secouant la tête, quelque chose que je ne comprends pas, et que je ne chercherai pas à comprendre. Je vous prie seulement de ne pas chercher dans les affaires et les intérêts de mon père un motif pour rompre la paix. Vous m'avez donné à entendre que cela pouvait impliquer le Landamman dans une querelle qu'autrement il aurait pu éviter; je suis sûr que mon père ne le pardonnerait jamais.

— J'ai déjà donné ma parole à ce sujet; mais si l'accueil qu'il recevra du chien d'attache du duc de Bourgogne lui plaisait moins que vous ne semblez le croire, il n'y a pas de mal que vous sachiez qu'il peut, au besoin, être soutenu par des amis fermes et actifs.

— Je vous suis très-obligé de cette assurance.

— Et vous-même, mon cher ami, vous ferez bien de profiter de ce que vous avez entendu. On ne se trouve pas à une noce, couvert d'une armuree; ni dans une querelle, vêtu d'un pourpoint de soie.

— Je me préparerai à ce qui peut arriver de pire, et en conséquence je mettrai un léger haubert d'acier bien trempé qui est à l'épreuve de la flèche et de la javeline. Je vous remercie de votre avis amical.

— Vous ne me devez pas de remerciemens : je ne mériterais pas d'être Hauptman, si je ne faisais pas connaître à ceux qui doivent me suivre, et surtout à un homme aussi brave que vous l'êtes, le moment où il faut endosser l'armure et se préparer aux coups.

La conversation cessa pendant quelques instans, aucun des deux interlocuteurs n'étant parfaitement content de son compagnon, quoique ni l'un ni l'autre ne voulût faire aucune remarque à ce sujet.

Le Bernois, jugeant les marchands d'après les sentimens de ceux de son propre pays, s'était regardé comme presque assuré que l'Anglais, se trouvant puissamment soutenu par la force, aurait saisi l'occasion de se refuser au paiement des droits exorbitans dont il était menacé dans la ville voisine; ce qui, sans que Rodolphe parût y contribuer, aurait sans doute déterminé Arnold Biederman lui-même à rompre la paix, et amené sur-le-champ une déclaration de guerre. D'une autre part le jeune Philipson ne pouvait ni comprendre ni approuver la conduite de Donnerhugel, qui, membre lui-même d'une députation pacifique, ne semblait animé que du désir de trouver une occasion pour allumer le feu de la guerre.

Occupés de ces diverses réflexions, ils marchèrent quelque temps à côté l'un de l'autre sans se parler. Enfin Rodolphe rompit le silence :

— L'apparition d'Anne de Geierstein n'excite donc plus votre curiosité, sire Anglais? dit-il à Arthur.

— Il s'en faut de beaucoup; mais je ne voulais pas vous fatiguer de questions, pendant que vous êtes occupé des devoirs de votre patrouille.

— Nous pouvons la regarder comme terminée, car il n'y a pas dans les environs un seul buisson en état de cacher un coquin de Bourguignon; et un coup d'œil autour de nous de temps en temps est tout ce qu'il faut pour éviter une surprise. Ainsi donc écoutez bien une histoire qui n'a jamais été chantée, ni racontée dans une tour ou un château; et qui commence à me paraître tout au moins aussi croyable que celle des chevaliers de la table ronde, que les anciens troubadours et les *minne-singers* nous donnent comme des chroniques authentiques du monarque fameux dont vous portez le nom.

— J'ose dire, continua Rodolphe, que vous avez suffisamment entendu parler des ancêtres d'Anne, dans la ligne paternelle. Vous savez qu'ils demeuraient entre leurs vieilles murailles à Geierstein, près de la cascade; tantôt opprimant leurs vassaux, pillant leurs voisins moins puissans et dévalisant les voyageurs que leur mauvaise étoile conduisait à portée du nid des vautours; tantôt fatiguant tous les saints en leur demandant le pardon de leurs crimes; distribuant aux prêtres une partie de leurs richesses mal acquises, et faisant des pèlerinages, partant pour une croisade, enfin allant visiter la Terre-Sainte, à titre de réparation des iniquités qu'ils avaient commises sans le moindre remords de conscience.

— J'ai compris que telle était l'histoire de la maison de Geierstein, jusqu'au moment où Arnold, ou son père, je crois, quitta la lance pour prendre la houlette.

— Mais on dit qu'ils étaient des nobles bien différens, les riches et puissans barons d'Arnheim, de Souabe, dont la seule descendante devint la femme du comte Albert de Geierstein, et fut la mère de cette jeune personne que les Suisses appellent simplement Anne, mais que les Allemands nomment la comtesse Anne de Geierstein. Ils ne se bornaient pas à pécher et à se repentir alternativement, à piller de pauvres paysans, à engraisser des moines paresseux; ils se distinguaient autrement qu'en construisant des châteaux avec des cachots et des chambres de torture, et en fondant des monastères avec des dortoirs et des réfectoires.

Ces barons d'Arnheim étaient des hommes qui cherchaient à reculer les bornes des connaissances humaines. Ils avaient changé leur château en une espèce de collège, où il y avait plus d'anciens livres que les moines n'en ont empilé dans la bibliothèque de l'abbaye de Saint-Gall; et leurs études ne se bornaient pas aux livres. Enfoncés dans leur laboratoire, ils acquéraient des secrets dont la connaissance était ensuite transmise du père au fils, et qu'on supposait approcher de bien près des mystères les plus profonds de l'alchimie. Le bruit de leur science et de leurs richesses arriva souvent jusqu'au pied du trône impérial; et dans les fréquentes querelles que les empereurs eurent autrefois avec les papes, on dit que les premiers furent encouragés par les conseils des barons d'Arnheim, qui prodiguaient leurs trésors pour la cause de ces monarques. Ce fut peut-être ce système politique, joint aux études mystérieuses et extraordinaires auxquelles la maison d'Arnheim se livrait depuis si long-temps, qui fit naître l'opinion généralement reçue, qu'ils étaient aidés, dans leurs recherches de connaissances au-dessus de la portée de l'homme, par des secours surnaturels. Les prêtres ne manquèrent pas de propager ce bruit contre des hommes qui n'avaient peut-être d'autre tort que d'être plus savans qu'eux.

— Voyez, disaient-ils, voyez quels hôtes sont reçus dans le château d'Arnheim; qu'un chevalier chrétien, blessé par les Sarrasins, se présente sur le pont-levis, on lui donne une croûte de pain, un verre de vin, et on l'engage à passer son chemin; qu'un pèlerin en odeur de sainteté, venant de visiter les lieux saints, chargé de reliques qui sont la preuve et la récompense de ses fatigues, s'approche de ces murailles profanes, la sentinelle bande son arbalète, et le portier ferme la porte, comme si le saint homme apportait la peste avec lui de la Palestine. Mais s'il arrive un Grec à barbe grise, à langue bien pendue, avec des rouleaux de parchemins dont les yeux chrétiens ne peuvent même déchiffrer l'écriture; s'il vient un rabbin juif avec son Talmud et sa Cabale; un Maure à visage basané, qui puisse se vanter d'avoir appris le langage des astres dans la Chaldée, berceau de l'astrologie; le vagabond, l'imposteur, le sorcier, est placé au haut bout de la table du baron d'Arnheim; il partage avec lui les travaux de l'alambic et du creuset; il apprend de lui des connaissances mystiques semblables à celles qu'acquirent nos premiers parens, pour la ruine de leur race; et il s'en acquitte en lui donnant des leçons plus terribles que celles qu'il reçoit, jusqu'à ce que son hôte impie ait ajouté à son trésor de sciences sacrilèges tout ce que le païen peut lui communiquer. Et tout cela se passe en Allemagne, dans le pays qu'on appelle le Saint-Empire Romain, où tant de prêtres ont le rang de princes! et l'on ne met pas au ban de l'Empire, on ne frappe pas même d'un monitoire une race de sorciers qui, de siècle en siècle, triomphent par la nécromancie!

Tels étaient les argumens qu'on répétait dans les salons des abbés, comme dans les cellules des anachorètes; et cependant ils paraissent avoir fait peu d'impression sur le conseil de l'Empereur; mais ils servirent à exciter le zèle de bien des barons et des comtes de l'Empire, qui apprirent ainsi à regarder une querelle ou une guerre avec les barons d'Arnheim, comme à peu près semblable à une croisade contre les ennemis de la foi, et devant leur procurer les mêmes immunités; et une attaque contre ces potentats vus de si mauvais œil, comme un moyen sûr de régler leurs comptes avec l'église chrétienne. Mais quoique les barons d'Arnheim ne cherchassent querelle à personne, ils n'en étaient pas moins belliqueux, et ils savaient fort bien se défendre. Quelques individus de cette race étaient aussi vaillans chevaliers, aussi intrépides hommes d'armes, que savans habiles. D'ailleurs ils étaient riches, soutenus par de grandes alliances, sages et prudens à un degré éminent; et ceux qui les attaquèrent l'apprirent à leurs dépens.

Les ligues qui se formèrent contre les barons d'Arnheim furent dissoutes; les attaques que leurs ennemis méditaient furent prévenues et déconcertées; et ceux qui en vinrent à des actes d'hostilité effectifs furent vaincus et essuyèrent de grandes pertes. Enfin l'impression qui en résulta et qui se répandit dans tout leur voisinage, fut que, vu les informations exactes qu'ils recevaient des attaques projetées contre eux, et la manière uniforme dont ils réussissaient toujours à y résister et à en triompher, il fallait qu'ils eussent recours à des moyens de défense que nulle force purement humaine n'était capable de vaincre. Ils devinrent donc aussi redoutés qu'ils étaient haïs, et pendant la dernière génération on renonça à les inquiéter. C'était d'autant plus sage, que les vassaux nombreux de cette grande maison étaient satisfaits de leurs seigneurs, disposés à prendre leur défense, et portés à croire que, soit que leurs maîtres fussent sorciers ou non, ils ne gagneraient rien à en avoir un autre, que ce fût un des croisés de cette guerre sainte, ou un des prélats qui en soufflaient le feu. La ligne masculine de ces barons s'éteignit à la mort d'Herman Von Arnheim, aïeul maternel d'Anne de Geierstein. Il fut enterré avec son casque, son épée et son bouclier, comme c'est la coutume en Allemagne à la mort du dernier descendant mâle d'une famille noble.

Mais il laissa une fille unique, Sibylle d'Arnheim, qui hérita d'une portion considérable de ses domaines, et je n'ai jamais ouï dire que la cruelle accusation de sorcellerie portée contre sa maison ait empêché des hommes de la première distinction de l'empire germanique, de solliciter de l'Empereur, son tuteur légal, la main de la riche héritière. Albert de Geierstein, quoiqu'il ne fût qu'un banni, obtint la préférence. Il était galant et bien fait, ce qui fut pour lui une recommandation auprès de Sibylle; et l'Empereur, qui se repaissait alors du vain projet de recouvrer son autorité sur les montagnes de la Suisse, désirait se montrer généreux à l'égard d'Albert qu'il regardait comme une victime d'un dévouement loyal à sa cause. Vous voyez donc, très-noble roi Arthur, qu'Anne de Geierstein, seul rejeton de ce mariage, ne descend pas d'une race ordinaire, et que les circonstances qui peuvent la concerner ne doivent pas s'expliquer et se juger aussi facilement et d'après les mêmes raisonnemens que s'il s'agissait de toute autre personne.

— Sur mon honneur, sire Rodolphe de Donnerhugel, dit Arthur, faisant un violent effort sur lui-même pour maîtriser ses sentimens, tout ce que je vois, tout ce que je comprends, d'après votre récit, c'est que parce qu'il y a en Allemagne, comme en d'autres pays, des fous qui regardent comme sorciers et magiciens ceux qui possèdent des connaissances et de la science, vous êtes disposé à diffamer une jeune personne qui a toujours été chérie et respectée de tous ceux qui l'entourent, et à la représenter comme disciple d'un art qui, comme je le crois, est aussi peu commun qu'illicite.

Quelques instans se passèrent avant que Rodolphe répondit.

— J'aurais désiré, dit-il enfin, que vous vous fussiez contenté des traits généraux du caractère de la famille maternelle d'Anne de Geierstein, comme offrant quelques circonstances qui peuvent expliquer, jusqu'à un certain point, ce que, d'après votre propre rapport, vous avez vu cette nuit; et il me répugne véritablement d'entrer dans des détails plus particuliers. La réputation d'Anne de Geierstein ne peut être plus chère à personne qu'à moi. Après la famille de son oncle, je suis son plus proche parent. Si elle était restée en Suisse, ou si elle y revenait, comme cela est assez probable, peut-être pourrions-nous être unis par des nœuds encore plus étroits. Dans le fait, le seul obstacle qui s'y soit opposé est venu de certains préjugés de son oncle sur l'autorité paternelle, et sur notre parenté, qui n'est pourtant pas assez proche pour que nous ne puissions obtenir une dispense. Je ne vous en parle que pour vous prouver que je dois nécessairement attacher plus de prix à la réputation d'Anne de Geierstein que vous ne pouvez le faire, vous qui êtes un étranger, qui ne la connaissez que depuis quelques jours, et qui êtes sur le point de la quitter pour toujours, à ce qu'il paraît.

La tournure de cette espèce d'apologie causa tant de dépit à Arthur, qu'il fallut toutes les raisons qui lui ordonnaient de le cacher, pour le mettre en état de répondre avec sang-froid.

— Je n'ai nul motif, sire Hauptman, lui dit-il, pour contredire l'opinion que vous pouvez avoir d'une jeune personne à laquelle vous êtes lié d'aussi près que vous paraissez l'être à Anne de Geierstein. Je suis seulement surpris qu'ayant autant d'égards pour elle que votre parenté doit le faire supposer, vous soyez disposé, d'après des traditions populaires, à adopter une croyance injurieuse à votre parente, et surtout à une jeune personne à laquelle vous annoncez le désir d'être uni par des nœuds encore plus étroits. Songez-vous que, dans tout pays chrétien, l'imputation de sorcellerie est la plus odieuse qu'on puisse se permettre contre un homme ou contre une femme?

— Et je suis si loin de vouloir porter une telle accusation contre elle, s'écria Rodolphe, que si quelqu'un osait laisser échapper une telle pensée, par la bonne épée que je porte, je le défierais au combat, et sa mort ou la mienne en serait le résultat. Mais la question n'est pas de savoir si elle pratique elle-même la sorcellerie;

quiconque le prétendrait, ferait aussi bien de creuser sa fosse, et de songer au salut de son ame. Le doute est de savoir si, descendant d'une famille qui a eu, comme on l'assure, des relations très-intimes avec le monde invisible, elle n'est pas exposée à voir des esprits aériens, des êtres d'une nature différente de la nôtre, prendre sa ressemblance, et tromper les yeux de ceux qui la connaissent; enfin, s'il leur est permis de jouer des tours à ses dépens, quand ils ne peuvent en faire autant à l'égard des autres mortels dont les ancêtres ont toujours été pendant leur vie fidèles observateurs des lois de l'Église, et sont morts régulièrement dans sa communion. Et comme je désire sincèrement conserver votre estime, je vous communiquerai sur sa généalogie des circonstances qui confirment cette idée. Mais je dois vous prévenir que c'est un acte de confiance personnelle, et que j'attends de vous un secret inviolable, sous peine de tout mon déplaisir.

— Le secret sera gardé, répondit le jeune Anglais, cachant avec peine les sentimens qui l'agitaient. Jamais il ne sortira de ma bouche un mot qui puisse nuire à la bonne renommée d'une jeune personne à qui je dois tant de respect. Mais la crainte du déplaisir de qui que ce soit ne saurait rien ajouter à la garantie de mon honneur.

— Soit! répliqua Rodolphe; je n'ai nulle envie de vous causer le moindre mécontentement. Mais je désire, tant pour conserver votre bonne opinion à laquelle j'attache grand prix, que pour expliquer plus clairement ce qui a pu vous paraître obscur, vous communiquer des choses que, sans cela, j'aurais préféré passer sous silence.

— Vous devez juger vous-même de ce qui est nécessaire et convenable à cet égard, répondit Philipson; mais souvenez-vous que je ne vous demande pas de me communiquer aucune chose qui doive rester secrète, et surtout quand il s'agit d'une jeune dame.

— Vous en avez déjà trop vu et trop entendu, Arthur, répondit Rodolphe après une minute de silence, pour qu'il ne soit pas nécessaire que vous sachiez tout, du moins tout ce que je sais moi-même sur ce sujet mystérieux. Il est impossible que les circonstances dont nous nous sommes entretenus ne se représentent pas quelquefois à votre souvenir, et je désire que vous possédiez tous les renseignemens nécessaires pour les comprendre aussi bien que la nature des faits le permet. Nous avons encore, en cotoyant ce marécage, environ un mille de chemin avant d'avoir terminé le tour du château. Ce temps me suffira pour le récit que j'ai à vous faire.

— Parlez, je vous écoute, dit le jeune Anglais, partagé entre le désir de savoir tout ce qu'il lui était possible d'apprendre relativement à Anne de Geierstein, et la répugnance qu'il avait à entendre prononcer son nom par un homme qui annonçait des prétentions semblables à celles de Donnerhugel; car il sentait renaître en lui ses premières préventions contre le Suisse à taille gigantesque, dont les manières, respirant toujours une franchise qui allait presque à la grossièreté, semblaient alors marquées par un air de présomption et de supériorité. Cependant il écouta avec attention son récit étrange et l'intérêt qu'il y prit, l'emporta bientôt sur tout autre sentiment.

FIN DU TOME PREMIER DE CHARLES LE TÉMÉRAIRE.

www.ingramcontent.com/pod-product-compliance
Lightning Source LLC
Chambersburg PA
CBHW062000180426
43198CB00036B/1901